ロジカルティーチング

LOGICAL TEACHING

ガツガツしていない若手社員を伸ばす技術

阿部 淳一郎
Abe Junichiro

ぱる出版

はじめに

「イノベーション」「グローバル」「次世代リーダーシップ」「起業（アントレプレナーシップ）」「圧倒的成長」といったキーワードが当てはまる成長意欲の高い若者たち。**こういったタイプとは異なる「イマドキのガツガツしていない若者たち」をどうやってうまく育てるかを、精神論や一個人の経験談ではなく、「ロジカルなアプローチ」でお伝えすることが、本書のテーマです。**

もちろん、一人ひとり個性も能力も背景も異なりますから、「イマドキの若者」と一括りにできるものではありません。しかし、大まかな傾向値と再現性のある方法論をいくつか知っておけば、悩んだときの「判断材料」にできるのではないでしょうか。

この本は、その判断材料を獲得していただくことを目的に執筆しました。

第2章で詳細はお伝えしますが、管理職や経営者の多くは、若手に対して主体性を求めているという調査データがあります。

VUCAという言葉に表されるように、社会は変化のまっただ中。企業側の視点で考えれば、既存のサービスや仕組みをドラスティックに変え、自分たちで、誰も分からない正解を創造していかねばならない時代です。

だからこそ、多くの企業では、自ら考え、行動できるような人材を求めているのではないでしょうか。

しかし、ある新入社員のアンケート調査では次のような結果が出ています。

▼4人中3人以上が入社後すぐの段階で「仕事を頑張るよりも定時で帰ることを優先したい」と回答

▼4人中3人以上が「何か困ったことがあった際は、自分で考えることなく上司や先輩に手取り足取り教えてほしい」と回答

つまり、企業側が求めるタイプとは反対に、仕事は受け身で取り組もうとする姿勢の若者たちが約75%を占めているのです。

私は2004年から**「若手のムダな早期離職を防止し、メンタルを潰さずに、能力をどう引き出して活躍してもらうか?」**をコンセプトに、企業と大学の両方の現場で採用や人材開発のお手伝いをしています。

このアンケート結果は、現場感としてもフィットしています。

大学での就職支援の現場では、このデータ通り「**前のめりで上昇志向が強い学生が減り、受け身タイプが増えた**」ということを感じています。

もちろん、目的意識が明確で、高い行動力を持った学生たちがいることも事実です。

最近、会った学生の例を挙げると、次のような人がいました。

> 家が農家で、農業の衰退を肌で感じている。だからこそ、将来は日本の農業の仕組みから変革をしていく会社を起こしたい。そのために、◎◎ということに今は取り組んでいる。ただ、その経験を通じて、起業するだけのスキルもネットワークも自分にはまだまだ不足していると痛感した。だからこそ、高い能力を身につけられる環境にいき、退職した後も優秀な人たちとのネットワークが続き、さらに広がるようなメガベンチャーに行きたい。

> 車の開発に携わりたい。だから、大学院で◎◎という領域を研究している。車とコンピューターが融合し、進化していく過渡期だからこそ、私は就活前に、あえて自動車会社ではなく、尖ったIT企業の人たちと対話して知見を広げたいと考えている。そんな学びを得られるインターンシップやスタディツアーはあるか？

ビジョンが明確で、非常に頼もしいですね。しかし、**こういったタイプの若者は「レアキャラ」だ**というのが私の現場感です。

▼ブラック企業でなければどこでも良いです。おすすめはどの会社ですか？
▼やりたいことが見つかりません。ただし営業職だけはイヤです。
▼福利厚生と研修制度の充実度が私の軸。これだけじゃダメですかね？
▼安定している会社を探しています。絶対潰れない会社はどこですか？
▼年間休日が最低120日以上ある企業に行きたいです。他に軸がないのが悩みです。
▼定時で絶対に帰れる会社の情報はありますか？

就活相談において、このような「受け身」な内容が8割以上を占める大学が数多くあります。

とはいえ、こういった若者たちを「甘い！」とか「意識が低い！」とは私は感じません。彼ら・彼女らが生きているカルチャーを考えると、「働く」ということに対してこういう価値観になる人が多くなるのも当然ではないかというのが私の考えです。

だからこそ必要なものは「今の時代に合わせた効果的な育て方のアプローチ」だと考えています。

▼多忙で、育成までなかなか手が回らない
▼労働人口減により、採用募集をかけてもなかなか望むような人の応募が集まりにくい
▼教え方が分からないのに上から「時代が違うから丁寧に育てろ」というお達しが下る

こういった状況の中で、愛情を持って誠実に若手の人材育成に向き合っておられる経営者や管理職の方が世の中にはたくさんいらっしゃることを、私は現場に立つ人間として知っているつもりです。

とはいえ、愛情さえあれば万事ＯＫかといえば、そうとは思いません。やはり愛情の上に「理論に裏打ちされたノウハウ」を乗せることも必要だと考えています。

組織において、エースや4番バッターを育てることは大切でしょう。しかし現実を考えれば、全員がその資質を持っているわけではありません。だからこそ**「普通の人を普通に戦力化すること」**も重要なことではないでしょうか。

ただ、これがなかなか難しくて大変。だからこそ、「人づくり」は面白いともいえますね。

僭越ながら、この本が、皆様ご自身と、皆様が指導・支援する若者たちへの一助になれば嬉しく思います。

２０２１年12月

阿部　淳一郎

※本書に掲載されている事例は、関係各社・関係各人の許可を得たうえで記載しています。ただし、企業名・個人名が特定されないよう設定を変えていることはご了承ください。

目次

第4章 ジェネレーションギャップを超えて信頼関係をつくるには？ 93

第7章　振り返りを意味のある時間にするための手法 155

第8章「感情的なシコリを残すだけ」にならない意味のある叱り方 191

第１章
若者を育てることになったら
はじめに認識しておきたい
基本スタンス

育成の目的と2つのキーワード

まずは「育成の目的とは何か?」ということを言語化することからはじめていきましょう。私が担当する若手育成術の研修では「あなたにとって部下・後輩を育てることの目的とは?」という質問を必ず冒頭で参加者の皆さんに考えていただき、全体共有しています。

▼自分から考えて動けるようにすること
▼人として成長させること
▼戦力を高めること
▼自分の仕事が楽になるように、業務を任せられるようにすること

など、毎回、たくさんの意見が挙がります。もちろん、唯一の解答など存在しませんから、これらは全て正解です。ただ、これら全てを包括したものとして、この本では、若手を育成することの目的を次のように定義し、中心軸におきます。

相手が、効果的に、より成果を出せる人材に育つための手助けをすること

全ては、この目的から逆算して考えていきます。この定義にはキーワードが2つ入っています。

1つ目は「**効果的**」という点。

仕事の能力は「経験」を通じて育《はぐく》まれます。つまり、現場に放り込めば、人は大なり小なり成長するということです。しかし**「現場に放り込んで、あとは勝手に自分から学べ」という指導が全ての人にとっての最適解かといえば、そうとはいえません。**

たとえば、あなたが「まったくのゴルフ未経験者」だとして、はじめて練習場に行ったとしましょう。

①我流で、なんだかよく分からないまま1時間、とりあえずボールを打つ
②レッスンプロにつき、アドバイスをもらいながら1時間、ボールを打つ

②の方が上達は早いのではありませんか？
同じ時間を使うのであれば、上級者の「手助け」がある方が「効果的」に成長しやすいですね。

とはいえ、「いやいや、今はYouTubeで検索すればレッスン動画がいくらでもあるだろう。そういう動画を、事前に調べてからいけば良いのでは？」と思われた方もいるかもしれません。

その通りです。しかし、そういった行動をとるには相手が「主体性」を持っていることが前提になります。78ページで詳細は後述しますが、**主体性もひとつの能力です。全員がこの能力が高いとは限りません。**

若者を「効果的」に育てるには、上司・先輩の「こうあるべきだ」を押し付けることではなく、「相手の能力や意欲に合わせること」が必要になります。

「成果」を引き出すには感情にも留意する

2つ目は、「**成果**」という点です。「成果」は、行動の積み重ねで生まれるもの。つまり、この目的を達成するためには、相手に、次の2点を促す必要があります。

▼良い行動を増やしてもらう
▼良くない行動を減らしてもらう

言葉としてはシンプルです。ただしこれを行うには「人間は感情動物である」という点に留意する必要があります。機械であれば、「理論的に正しいコマンド」を打ち込めば、その通りに動いてくれるでしょう。**しかし、人間は機械ではありません。「気持ち」への配慮が必要になります。**この点が抜け落ちた育成をすると、メンタル不調やムダな早期離職を引き起こしやすくなります。「**相手の能力に合わせたうえで、相手の気持ちに配慮をしたアプローチ**」が必要になるのです。

「主体性のある人」と「言われたことしかやれない人」の違い〔ＡＢＣ理論〕

「真面目で素直だが、言われたことしかやれない受け身の人が多い。若手には、もっと前向きに自分で考えながら、自分で先回りして、仕事に取り組んでほしい」

ここ数年、多くの企業の育成現場で頻繁に耳にするようになったのが、このような「主体性をもっと持ってほしい」といった旨のお声です。では、どういうアプローチをとれば、主体性は伸ばせるのでしょうか？

先に結論からお伝えすると、次の要点を軸にした育成スタンスに立つことです。

「自己効力感（自分の能力をどれくらい信じられるかの度合）」を、今後、どう高めていくか？

主体性が発揮できる人・できない人の違いは「**捉え方（Belief）**」に要因があります。これは、アルバート・エリス博士が提唱する**ＡＢＣ理論**を使って考えると分かりやすく

【図１】主体性を発揮している人の「捉え方」の傾向

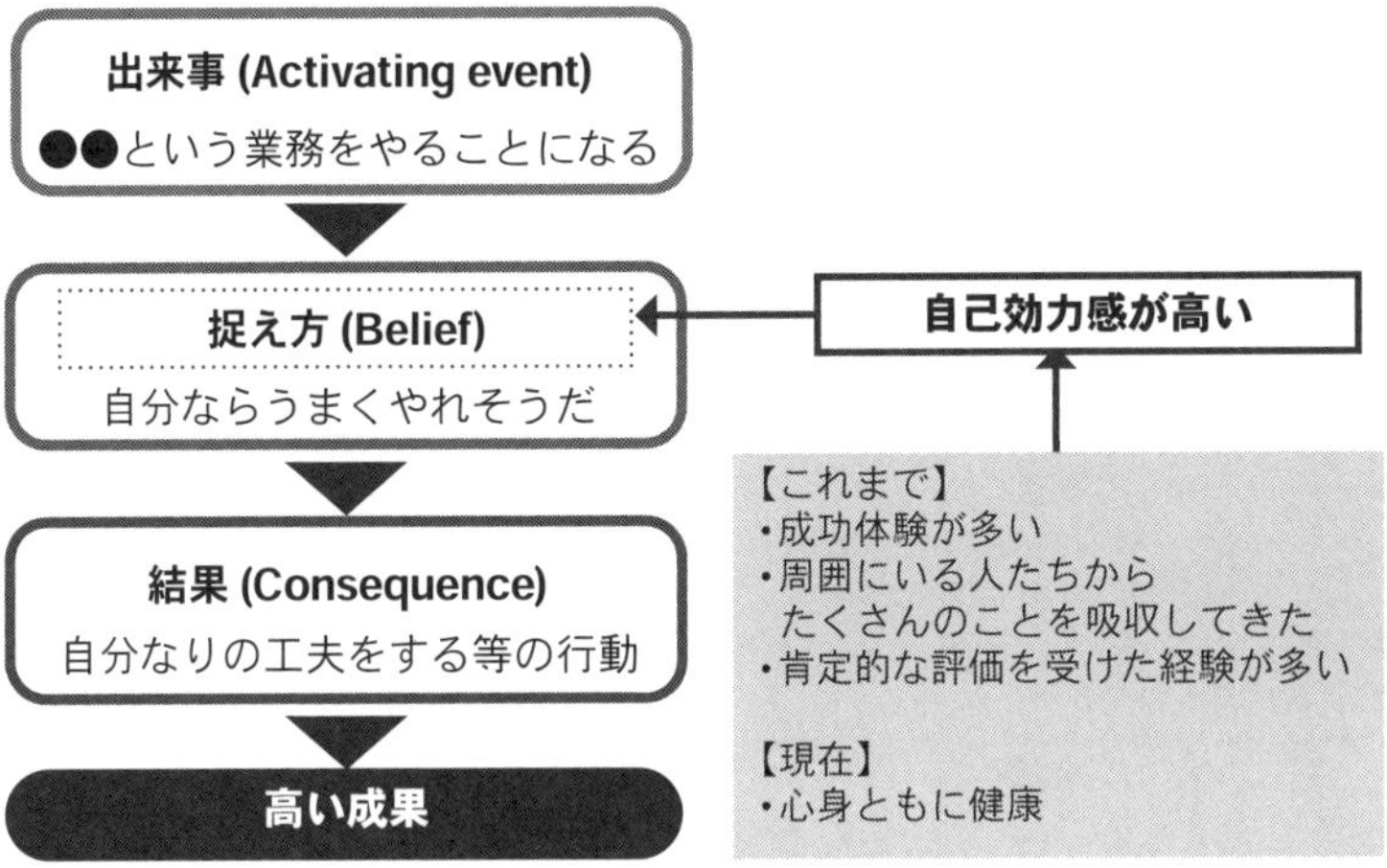
出来事 (Activating event)
●●という業務をやることになる
捉え方 (Belief)
自分ならうまくやれそうだ
結果 (Consequence)
自分なりの工夫をする等の行動
高い成果
自己効力感が高い
【これまで】
・成功体験が多い
・周囲にいる人たちから
たくさんのことを吸収してきた
・肯定的な評価を受けた経験が多い
【現在】
・心身ともに健康

理解できます。出来事（Activating event）は、捉え方（Belief）によって結論（Consequence）が決まるというフレームです。

たとえば、ある業務を部下に任せたとしましょう。その業務に対して、図1のように、**「自分ならうまくやれそうだ」と「プラスの捉え方」をする人の行動は主体的になり、前向き思考で、高い成果を出す傾向が強くなります。**

▼分からないことは自分で質問したり調べたり考えたりできる
▼できないことを自責として捉え、自分の捉え方や行動を変えようとする
▼きちんと謝罪できる
▼ミスをしたら次から同じミスをしないように対策を打てる

【図２】主体性を発揮していない人の「捉え方」の傾向

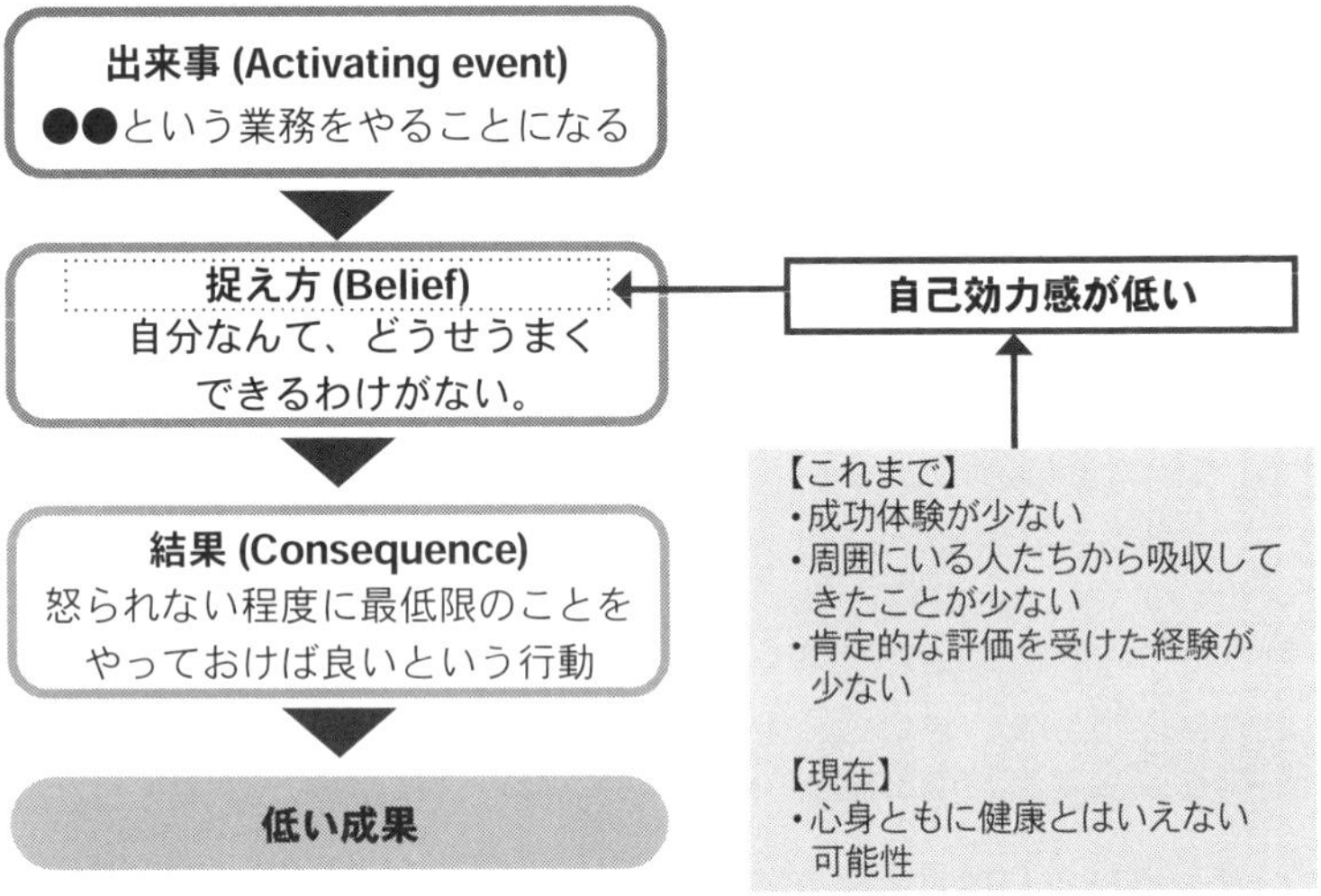
出来事 (Activating event)
●●という業務をやることになる
捉え方 (Belief)
自分なんて、どうせうまく
できるわけがない。
結果 (Consequence)
怒られない程度に最低限のことを
やっておけば良いという行動
低い成果
自己効力感が低い
【これまで】
・成功体験が少ない
・周囲にいる人たちから吸収してきたことが少ない
・肯定的な評価を受けた経験が少ない
【現在】
・心身ともに健康とはいえない可能性

このような行動をとることができる人は、図1のようなプラスの捉え方をしている場合が多いと考えられます。

一方で、図2のように**「自分なんてどうせうまくできるはずがない」と「マイナスの捉え方」をする人の行動は受け身になり、言い訳思考で、低い成果しか出せない可能性が高くなります。**

▼分からないことに直面したとき、自分で質問したり調べたり考えたりせず、教えてもらえるものだと考えている

▼うまくいかないのは、「他人や環境のせい」という他責思考で自己弁護を図る

▼ミスがあっても、その場を取り繕おうとし、謝罪しない

▼同じミスを何度も繰り返す

このような行動をとる傾向が高くなるのです。

受け身の姿勢が生まれる理由〔自己効力感〕

前節の「捉え方」に影響を与えるのが**自己効力感**です。自己効力感とは、いわば、「自分の能力に対する自信」であり、自分の過去に基づいた４つの軸で決まります。

▼成功体験↓これまでにどれだけ、**成功体験**を積んできたか？
▼代理体験↓これまでにどれだけ、**周囲にいる人たちから吸収**してきたか？
▼言語的説得↓これまでにどれだけ、**良いところを指摘**されてきたか？
▼生理的情動的喚起↓現在、**「心身ともに調子良く働ける」状態**か？

自己効力が高い人はプラスの捉え方、低い人はマイナスの捉え方をする傾向が強くなります。

つまり、次のような「過去（これまで）」があることが考えられます。

▼プラスの捉え方をし、主体性を発揮できるタイプの「仕事人」

↓これまで、成功体験が多く、周囲の人たちから多くのものを吸収し、肯定的な評価を受けることが多かった。そして、現在、心身ともに健康の状態にある

▼マイナスの捉え方をし、言われたことだけやろうとする受け身タイプの「作業人」

↓これまで、成功体験が少なく、周囲の人たちから吸収してきたことも少なく、肯定的な評価を受けたことが少なかった。そして、現在、心身ともに健康とはいえない可能性がある

少し極端な意見かもしれませんが、「自己効力感が高く、捉え方がポジティブ」な人であれば、現場に放り込んでしまえば、おそらく、自ら勝手に様々なことを吸収して、加速的に成長していくでしょう。

ただ問題なのは、自己効力感が低い人です。

「言われたことを最低限やっておけばいい」という**受け身の取り組み姿勢**になっているわけです。自ら勝手に様々なことを吸収していくということも少なく、やれない理由ばかりをとなえ、成長スピードは遅くなります。

だからこそ、**現状、低い人には、自己効力感を高めることで、捉え方を「自分ならやれそうだ」というポジティブな認識をつくる手助けをする必要があります。**

精神論ではない4つのアプローチを積み上げる

主体性を発揮していない人の「捉え方」を考えるうえで留意すべき点は、**「捉え方は精神論では変わらない」**という点です。「もっと自分に自信を持て！」といった抽象論を熱く語ったところで、本質的な変化は起きません。

▼これまで何かに取り組んでもあまりうまくいかなかった
▼これまで周囲の人から学べたと思える経験もあまりない
▼これまで褒められた経験が少ない

こういった認識が、20年近く積み重なったうえでつくられた捉え方です。とても強固であり、**言葉ひとつで簡単に変わるほど「ヤワ」なものではありません。**では、どうすれば良いのでしょう？

その答えは、**「これから（＝未来）」に焦点を当てることです。**

①達成感と成功体験を積み上げさせる
②他人の良いところを取り入れる手助けを行う
③良いところを指摘し続ける
④「心身ともに調子良く働ける」環境を整える

時間をかけ、これらを積み重ね、**「どう自己効力感を高めてもらうか？」**という未来思考で育成するアプローチを行う必要があるのです。

特に「受け身の相手」を育成するには、このスタンスが基本軸となります。うまく機能した例を挙げましょう。

Aさん（24歳）は、学生時代に不登校を経験し、なんとか卒業したものの20歳くらいまでは無職。しかし、お金のために働く必要がありフリーター支援を行う人材業界のB社に入社しました。本音の志望理由は「未経験OKだったから」のみ。「お金さえもらえれば何でもいい」という考えで、典型的なマイナスの「捉え方」を持つ「受け身タイプ」の人でした。

ところが、入社後に大きく変わりました。配属された部署のC先輩の指導がともかく丁寧で、順を追ってゆっくりと指導してくれました。（①…**達成感と成功体験を与える**）C先輩の営業成績はエース級。フリーター出身なのでシンパシーを感じる部分も多く人としても尊敬しており、仕事への取り組み姿勢から息抜きの仕方まで、かなり影響を受けたといいます。（②…**他人の良いところを取り入れる手助けを行う**）

また、常に「うまくできたこと」を言葉にして伝えてくださる方でした。（③…**良いところを指摘する**）部署のチームワークも良く、入社後に初受注した際には、メンバー全員でスタンディングオベーションをしてくれたとのこと。

「明るく楽しい職場で仕事もやりがいを感じる。もっと成長して売上に貢献することで自分を拾ってくれた恩を返したい」（④…**「心身ともに調子良く働ける」環境を整える**）

——私はBさんをフリーター時代から知っているのですが、「仕事にやりがいを感じる」「もっと成長して売上に貢献したい」といった言葉が出てきたときには驚きました。

この4つの軸を基本とした指導が、相手の自己肯定感を高め、プラスの捉え方をつくり、主体的な行動への変化を促すのです。

なぜ「相手に合わせた教え方」が必要なのか？
〔成功的教育観と意図的教育観〕

若手を教える際の基本スタンスは、「**相手本位**」に立つことです。言われてみれば当たり前のことに思えるかもしれませんが、改めて整理しましょう。

成功的教育観という概念があります。「相手に合わせた教え方をしよう。もしうまく機能しなければ、自分の教え方を改善しよう」という**「相手本位」のスタンスに立った教え方です**。「相手がより成果を出せる人材に育つための手助け」という観点から見ると、このスタンスに立ったアプローチが効果的だということは、直観的にもイメージできるのではないでしょうか。

この対極にあるのが**意図的教育観**。「教える側に教わる側がついてくるのが当然だ。もしついてこられないとしても、それは教わる側が悪い」教師や上司の教え方がたとえうまくないとしても、それは脇に置いておいて触れてはいけない領域だという「教え手本位」のスタンスに立った考え方です。こちらのスタンスは目的に対して効果的であるとはいえません。

とはいえ、昭和の時代は「意図的教育観」のスタンスに立った指導が学校から企業内教育まで、多くの教育現場ではスタンダードでした。（もちろん全てではありませんが……）振り返ってみると、「意図的教育観」のスタンスに立った指導を受けてきた方も多いのではないでしょうか？（これは「年上を敬うべし」という儒教の考えが強く反映された教育文化が根付いているからだという説があります）

長年、こういったカルチャーの中に身を置けば「それが当たり前」の基準になります。つまり「無意識」に、「意図的教育観」のスタンスに立った育成をしている可能性もゼロではありません。

だからこそ、改めて振り返る機会にしていただきたく言語化しました。

無意識にこういったスタンスに立っていないかを振り返る際に、特に注意すべき点が3点あります。「無意識に」、もしくは「それが当然だ」と思い込んで、次節以降で紹介するようなアプローチをとっていないでしょうか？

「自分は昔こうやって育ったのだ」の押し付けをしていないか？〔バラ色の回顧〕

20歳前後をともに過ごした昔の仲間との飲み会で、当時の話をするのは楽しいですよね？　心理学で**バラ色の回顧**といいますが、人間には、**「昔は良かった」と自分の過去を美化してしまう心の特徴**があります。

特に、動物としての肉体的なピーク時期（20代前半くらいまで）の「ハードだった経験」ほど、この傾向が見られます。ゆえに「自分たちの若い頃は、こんなに厳しくて、私はそれに食らいついていった。それに比べてイマドキの若い奴らは甘い！」といったアプローチをしてしまいがちです。

この背景にあるものは、自己正当化です。**自分自身の過去を肯定したいがゆえに「自分の経験したやり方こそが絶対的に正しい」と強く思い込んでしまう**のです。気持ちはとても分かります。しかし、これは相手本位ではありません。教え手本位です。なぜなら**「自分たちが体験してきた教わり方＝効果的な育てられ方」とは必ずしも限らないか**

らです。

たとえば、ある高校のサッカー部の監督が「自分たちの時代は、『練習中に水は飲んではいけない』『うさぎ跳びを毎日、たとえどれほど足が痛かろうが300回はやる』『1年生は日陰で休んではいけない』といった厳しいものだった。練習とはこういうものだ」というスタンスに立った指導を生徒たちにしたとしましょう。

選手のパフォーマンスを高めるという目的から見た際、この指導方法が「科学的な根拠に基づいたトレーニング」よりも、効果的だといえるでしょうか?

ご自身が若い頃に経験してきた教わり方は、ご自身が優秀だからこそ機能したものかもしれません。つまり、万人に当てはまるアプローチであるとは必ずしも限りません。

アンラーニング(学習棄却)という概念があります。

「自分自身が経験を通じて培ってきた価値観や習慣。これらを必要なもの・必要でないものを取捨選択し、新しいものを取り入れながら修正するスキル」のことを言います。

もちろん「これまでの経験を捨てて、全て相手に合わせましょう」ということではありません。ご自身が、これまで積み重ねてきたキャリアの中で、若者にとって有益な、伝えるべきご経験や考え方や知識、スキル等もたくさんあるはずです。

それらを大切にしつつも、同時に、時代に合ったもの・合っていないものを、時代の変化に応じて変えていく柔軟さ、いわばアップデートをしましょうという概念です。

このアンラーニングをすることも、違うカルチャーを生きている若者を育てる立場に立った際は必要になるのではないでしょうか。

「できないのは気持ちの問題だ」という指導をしていないか？

〔生存バイアス〕

2つ目の注意点は、「自分ができたのだから、誰でもできて当然！　できないのは言い訳でしかない。気持ちの問題だ！」といった指導をしていないかという点です。

「自分が1年目の頃は、コンスタントに月に300万円の売上を立てていた。それに比べ、キミはその半分以下じゃないか。私はできていたのだから、達成できないというのは言い訳でしかない。気持ちの問題だ！」

特にプレーヤーとして優秀な方ほど、指導する立場に立った際、このような「できないのは気持ちの問題だ」という指導をしがちです。このような囚われを**生存バイアス**といいます。

これは簡単に言えば、**「特定の（優秀な）誰かができたこと＝全員ができること」という思い込みです。これは間違いです。そんなことはありえません。**

たとえば、野球に本気で取り組んでいる高校生はたくさんいるでしょう。しかし、熱い思いを持ち、同じ量の努力をしている人でも、プロにいける人もいれば、いけない人もいるのが現実です。結果としてプロにいけた人は、「高い資質」に加えて、努力をした方が大半でしょう。ここで無視してはいけないのは「資質」の存在です。

人には明確な能力格差が存在します。しかし、「自分が特定の優秀な誰か側《がわ》」にいる方は、自分ほどの資質がない人のことを理解できない場合も多いものです。

もちろん「気持ちの問題だ！型」の指導は、相手の奮起を促すために行っている場合がほとんどでしょう。しかし、**このアプローチは特に自己効力感が低い若手に対しては、「恐怖」を与えるだけになってしまい、相手を「ストレスまみれ」にしてしまいます。**

何ごとも「気持ちの問題」で解決できるものではありません。

能力格差、意欲格差は存在するという前提に立ち、**相手を受け止め、相手の能力・意欲レベルに合わせた指導をすることが必要**です。

「返事はハイかYES」というスタンスで接していないか？〔イイコ症候群〕

3つ目の注意点は「上司・先輩に対する返事は『ハイかYES以外の返事は認めない』という圧をかけたスタンスで接していないか？」という点です。このアプローチは、相手を**イイコ症候群**にしてしまうリスクを高めます。

イイコ症候群とは、**自分の本音を押し殺し、相手の顔色を窺い、相手が望む行動を追い求めるようになった思考パターン**のこと。これにはデメリットが2つあります。

1つ目は「**ストレス過多にしてしまいやすい**」という点です。

ハイかYESの強要は、言い換えると、「あなたに自分の意見を言う権利を与えません。全てをグッと飲み込み、気持ちを押し殺しなさい。あなたという人間の考えや気持ちなど、どうでもいいのです」という「存在否定」のメッセージです。これは当然ながら、強烈なストレスがかかる状態です。

こういった環境で前向きに頑張ろうと思えるはずがありません。このストレスは、早期離職やメンタル不調を誘発することにつながります。

２つ目は「**主体性が育《はぐく》まれない**」という点です

ハイかＹＥＳを強要されるということは、「自分で考えて動く」ということを全否定されているわけです。これでは主体性が育まれません。その代わりに育まれるのは「顔色窺い思考」です。行動基準が「どうすればより価値を生み出せるか？」ではなく「どうすれば上司・先輩に怒られないか？　機嫌を損ねないか？」になります。このメンタリティでは人は伸びません。伸びないどころか、メンタル不調を誘発します。

心理学者のアドラーは「**全ての人は対等な関係にある**」と述べています。もちろん組織ですから、役職が存在するのは当たり前でしょう。とはいえ「人対人」という観点では対等であるはずです。

組織上の役職の上下や先輩後輩の関係はあれど、ひとりの人間として誠実に向き合い、相手の意見に耳を傾け、対話をすることが大切になるのです。

ひとりで抱え込まずに周囲を巻き込むメリットと巻き込み方

〔正当的周辺参加〕

育成を担当する際は、その役割を**ひとりで抱え込まず**、**「周りをうまく巻き込み、チームで育てる」というスタンス**に立つことが大切です。理由が2つあります。

1つ目は「**自分の負担を軽減するため**」です。ある調査によると、世の管理職の98・5%がプレイングマネジャーであるそうです。つまり、育成を担当されるほぼ全員の方が多忙の状態にあるといえるのではないでしょうか。多忙な中、ひとりで全てを抱え込んでしまうことはリスクです。

▼時間がなく、相手を放置してしまう
▼忙しいがゆえに、ろくに教えてもないのに、きちんと私は教えているだろ！と相手に責任を押し付ける他責思考になってしまう

▼工数をかけすぎて自分自身の業務が滞りパンクしてしまう

このようなことになりかねず、相手がうまく育たない可能性も高くなります。こういったリスクを避ける意味でも「自分が担当すること」と「周囲にサポートをしてもらうこと」を切り分け、自らの負担を減らす方が得策です。

２つ目は「**相手の成長を促しやすいため**」です。

正当的周辺参加という教育学の概念があります。人間は、チームに溶け込み、メンバーと関係性をつくり、協同して何かを行っていく中で、たくさんのことを学び、成長していくという理論です。つまり、**周囲を巻き込む方が若手の成長は促進されやすい**のです。

とはいえ、既存の先輩メンバーたちには、育成に関する「温度差」があるケースも考えられるでしょう。協力的な人もいれば、「**業務負担が増えるしできれば関わりたくない**」という考え方の人も存在するのが実情ではないでしょうか。後者の方々を巻き込むのはなかなか難しいものです。

こういった方々を巻き込むには、つまるところ、コミュニケーションを重ねるしかないわけです。

それには、「仕組み」で解決を目指すのもひとつの手です。

たとえば離職率が低く、育成もうまくいっているA社では、新人を受け入れる際に、事前に図3のような「メンバーマップ」を作成し、配布していました。「◎◎で困ったら、××さんが担当する」という役割をチームメンバー全員で取り決め、図のようなリストにして新人に渡すのです。

こうすることで、新人が自らコミュニケーションを取りやすくなりますし、既存のメンバーは「役割がある以上は、きちんとその責務を果たそう」とする意識が働くようになります。

【図3】メンバーマップ例

困りごとの相談先を明記する

株式会社あいうえお商事 営業1課

肩書	氏名	担当業務	◎◎で困ったらこの人がサポート
課長	山田太郎	～～	～～
主任	高橋二郎	～～	～～
主任	花田美津子	～～	～～
	宮田四郎	～～	～～
	深澤美紀	～～	～～
	田中玲	～～	～～

第２章
「イマドキの若者」の仕事観を知る

「仕事よりもプライベート重視」の人の割合は？

「若手とのジェネレーションギャップを感じるんですよ」

こういったことを、若手育成術の研修等の場で、よく耳にします。「はじめに」でもお伝えしましたが、一人ひとり個性も能力も背景も異なりますから、「イマドキの若者」と一括りにできるものではないというのが私の考え方です。

とはいえ、大まかな傾向値や生きてきた時代背景、就活状況を知っておくと、育成を担ううえで役立つこともあるのではないでしょうか。

そこで、この章では、イマドキの若者の仕事や学びに対する価値観や行動パターンを、調査データに基づきつつ、大学・新卒採用、若手育成に関わる私の実感値も踏まえてお伝えしていきます。

「新人・若手は『誰もが』、一刻も早く成長するために仕事に一心不乱に取り組み、一人前になって貢献するという熱い思いにあふれている」こういった前提に基づいて、育成に取り組んでいる上司・先輩方も多いように私は現場で感じています。

【図４】　**残業について**

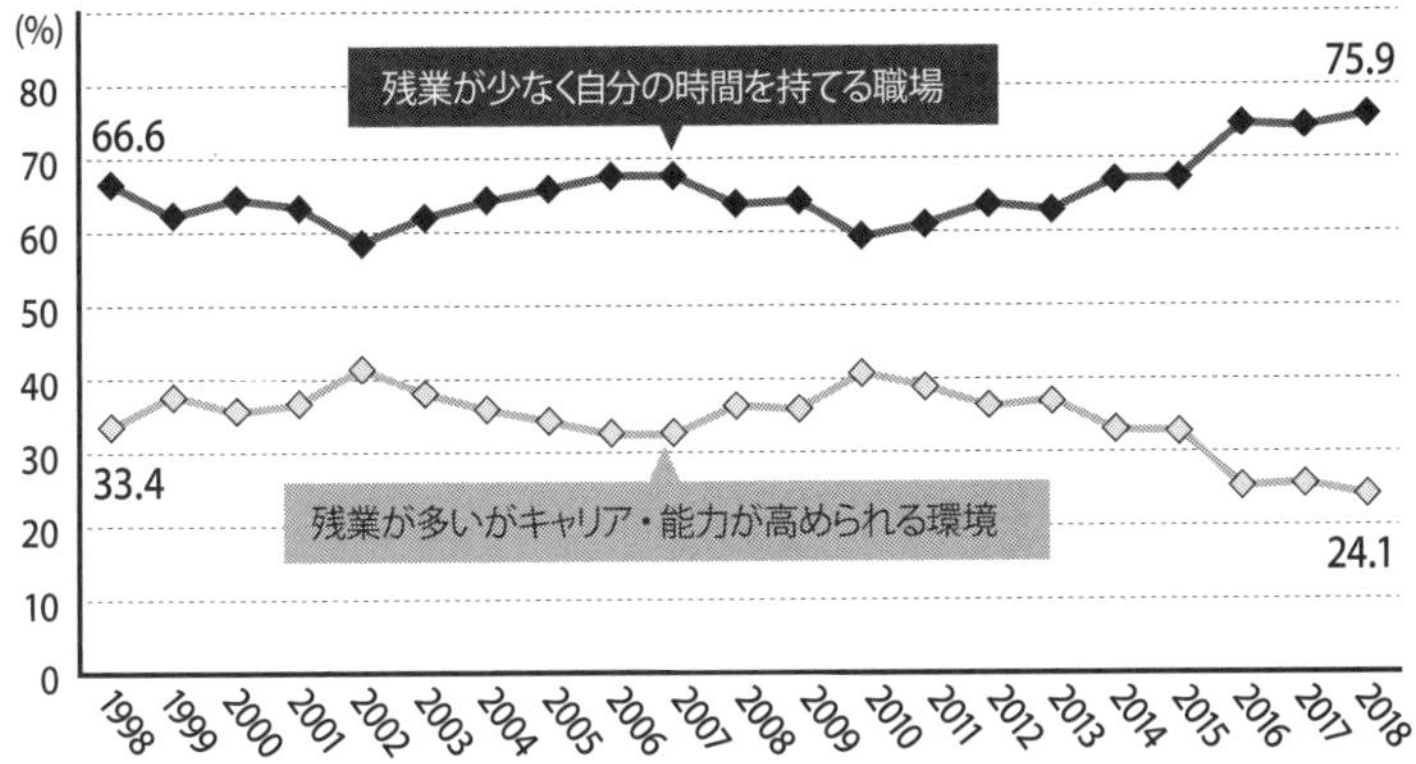

参照：日本生産性本部　2018年度 新入社員 春の意識調査

ただ、**「誰もが」という点に「ずれ」**があります。データ上は、そういった思いを持った人は４人に１人程度です。

次のデータは、春に新入社員に取った「仕事とどう向き合いたいか？」というアンケート調査の結果です。（図４）

▼「残業をしてでもキャリア・能力を高めたい」という回答をした人は約24％

▼「残業よりも自分の時間を確保したい」という回答は約76％

つまり、**新人の４人中３人は「仕事よりもプライベート重視」という回答**です。これは私の現場感覚ともフィットしています。大学生の就活支援をしていると「ワークライフバランス」

を重視したい傾向が強い学生の多さを顕著に感じます。「ブラック企業」という言葉が浸透していることもあり、これを避けたい思いが強く、「ワークライフバランス」というキーワードを重視する学生が非常に多いのです。

企業が「ワークライフバランス」を推進する目的は、端的にいえば「生産性を高めるため、従業員が仕事とプライベートのバランスを取れるような工夫をし、心身ともに健康に仕事に取り組めるようにしよう。そのためには、業務効率を高め、短い時間で高い成果を出してもらおう」ということのはずです。

しかし、こういった背景など一切考えることなく「ワークライフバランス重視の企業＝仕事づけにならなくていい企業」という認識のみをしている学生が大半のような印象を受けます。

ちなみに、次のようなデータがあります。（図5）

大学1・2年生が就職したいと思う企業・業種の1位は「地方公務員」です。これは、私の現場感としても同感です。特にコロナ禍になってから、公務員志望の学生が飛躍的に増えた印象があります。

もちろん、地域に貢献する地方公務員の仕事はとても素晴らしいものだと思います。

【図５】 **大学１, ２年生就職したいと思う企業・業種** (n=400/複数回答)

順位	変動		企業名	都道府県	業種	回答率
1	→	(±0)	地方公務員	－	公務	10.5%
2	→	(±0)	国家公務員	－	公務	7.0%
3	↑	(+3)	ソニー	東京都	電気機器製造業	6.0%
4	↑	(+4)	アップル（Apple）	東京都	電気機器製造業	5.8%
5	↓	(▲2)	グーグル（Google）	東京都	情報サービス業	5.0%
5	↑	(+7)	任天堂	京都府	娯楽用具・がん具製造業	5.0%

参照：第６回「大学１・２年生が就職したいと思う企業・業種ランキング」調査
（リスクモンスター）2021年１月発表

しかし、「地域に貢献する」といった観点がまったくない人が大半なのです。

そういった人たちの志望理由は、「不況下でも安定しているから」「ワークライフバランスが実感できそうだから」「シフト勤務ではなく土日祝休みだから」「ノルマに追われるような仕事ではなさそうだから」といったもの**「のみ」**しかない場合がほとんどです。

もちろん「安定」や「ワークライフバランス」は、とても大切なことでしょう。ただ、「これが全て」でそれ以外に理由がないのです。とはいえ、勘違いしてはいけないのは、**「自分の時間さえ取れればいい。極力仕事をサボりたい」と思っている人は少ない**という点です。

【図 6】

働くことを通じた「成長」を重要だと感じる人の割合

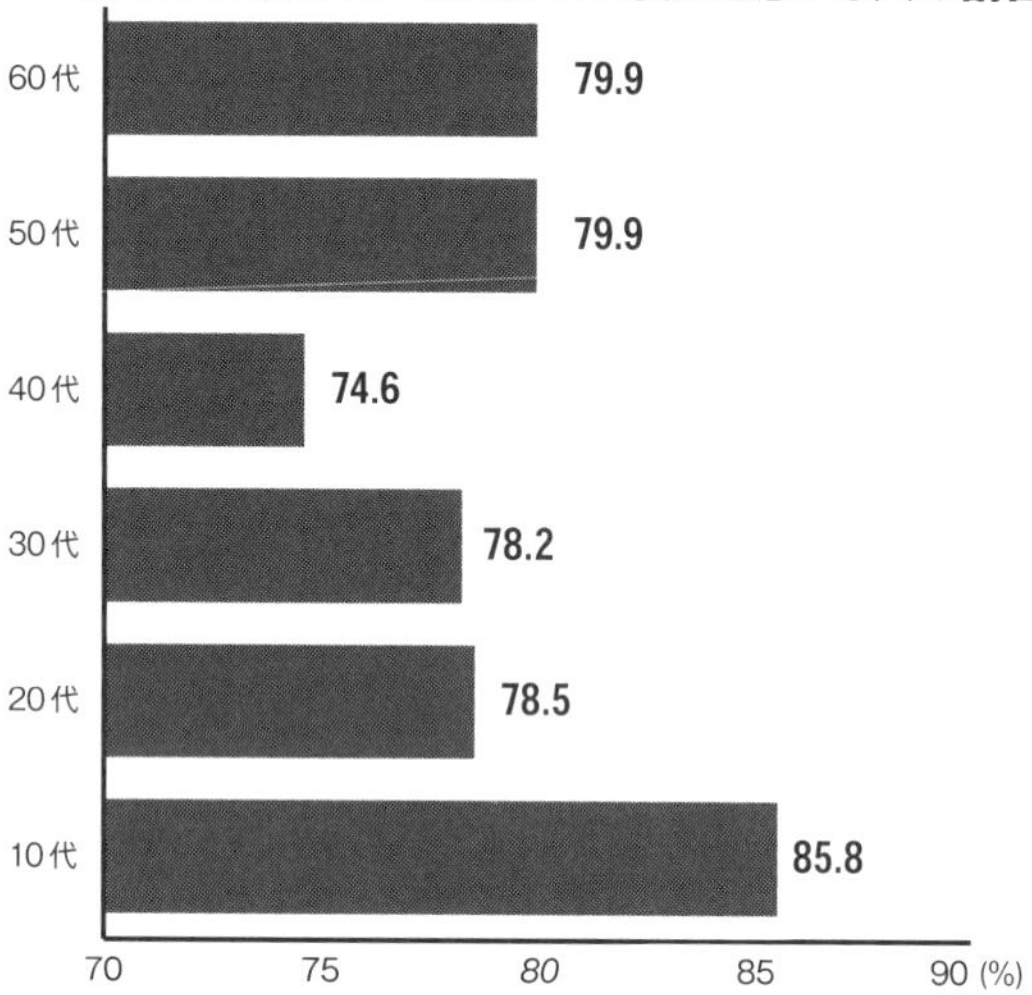

参照：働く 1 万人の成長実態調査 2017 データ集 株式会社パーソル総合研究所

次のデータは、「働くことを通じた『成長』を重要だと感じている人の割合」のデータです。（図6）

10代・20代の平均では8割以上の人が、「成長は重要だ」と考えています。

一方で、次頁のデータ（図7）からも分かるように「子供が生まれたときには育児休暇を取得したいか」との問いに対して、男性の約8割が「そう思う」と回答しており、その割合は年々増加しています。（女性は98・2％が「そう思う」と回答）

つまり、「**仕事を人生の絶対的中心に置きたいわけではない。人生の一部**

【図７】

子供が生まれたときには、育児休暇を取得したい（男性）

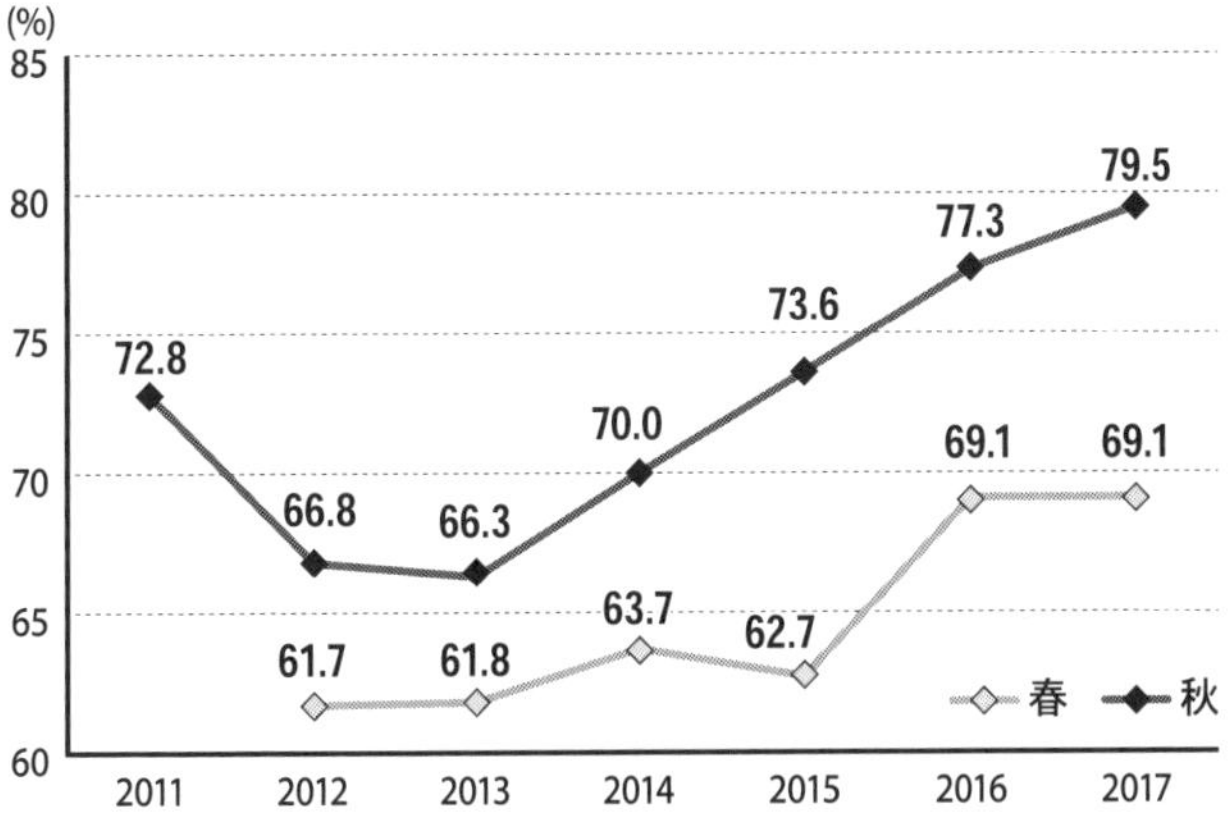

参照：日本生産性本部　2017年度 新入社員 秋の意識調査

にしかすぎないものであり、プライベートも大切にしたい」と考えている人がが増えていることが分かります。

「**オンタイムはきちんと真面目に仕事はしよう。成長もしたい**」という価値観の人が多くを占める時代に変化していると考えられるのではないでしょうか。

企業側が求める能力に対する学校教育現場の実情

経営者・管理職の方が若手に求めるものに「**主体性**」があります。

次のデータは、経団連に加盟する企業に対して「新卒採用において、重視する選考ポイント」を質問したアンケート結果です。（図8）約64%の企業が、「主体性」を挙げています。

しかし、次のような調査データがあります。（次頁図9）

新人の中で「マニュアルには載っていないことが発生した際にどう対応したいと考えているか？」という質問に対して「できるだけ自分で工夫する」と答えた主体性の高い人の割合は約26%。**つまり、4人中3人は「何か困ったことがあるときには、先輩や上司に聞くので、教えてほしい。まずは自分で考えろといった指導は避けてほしい」といった受け身の姿勢**であることが分かります。

これも現場感としては同感です。

【図８】

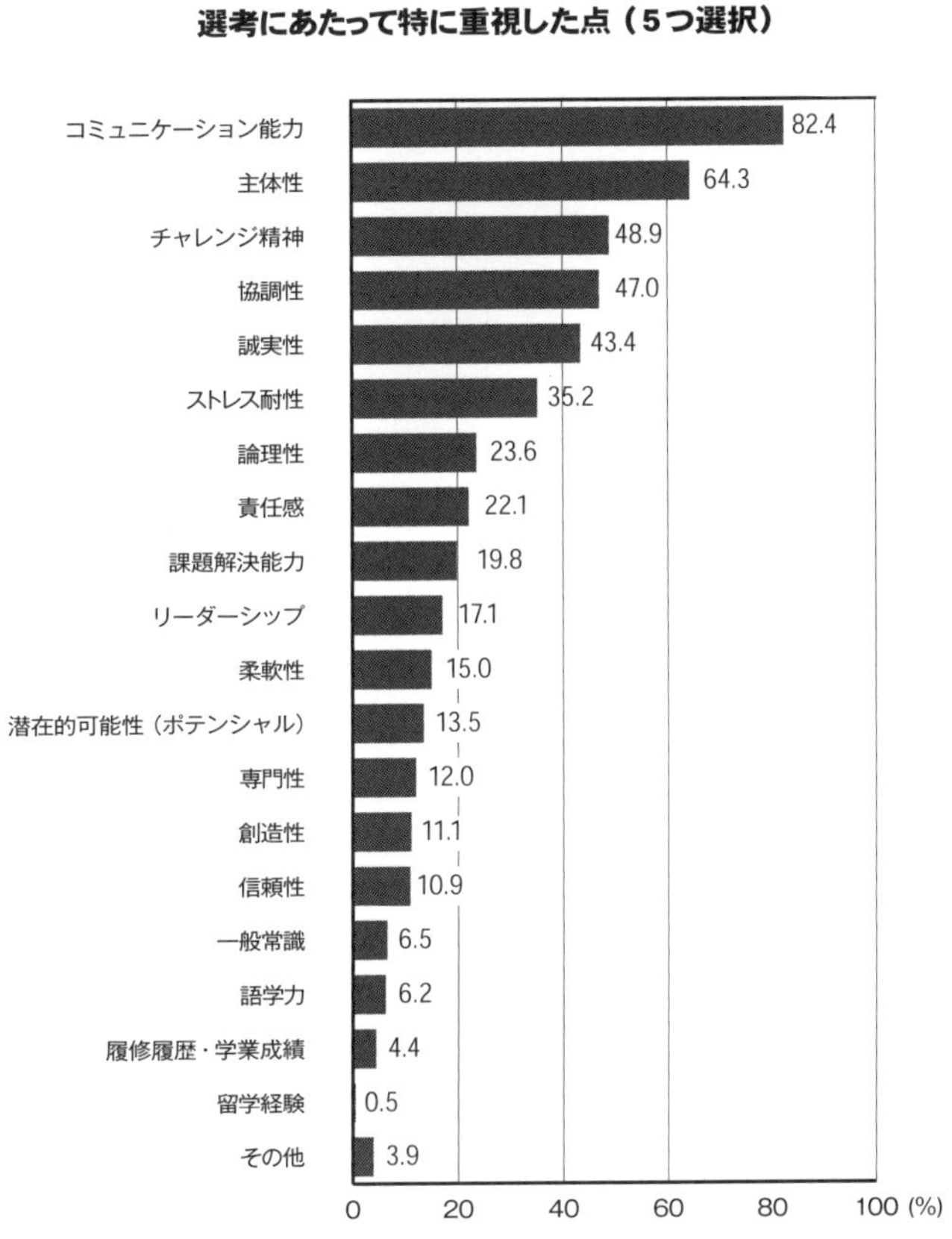

参照：日本経済団体連合会 2018 年 11 月 22 日「2018 年度 新卒採用に関するアンケート調査」

【図 9】

マニュアルには載っていないことが発生した際の対応

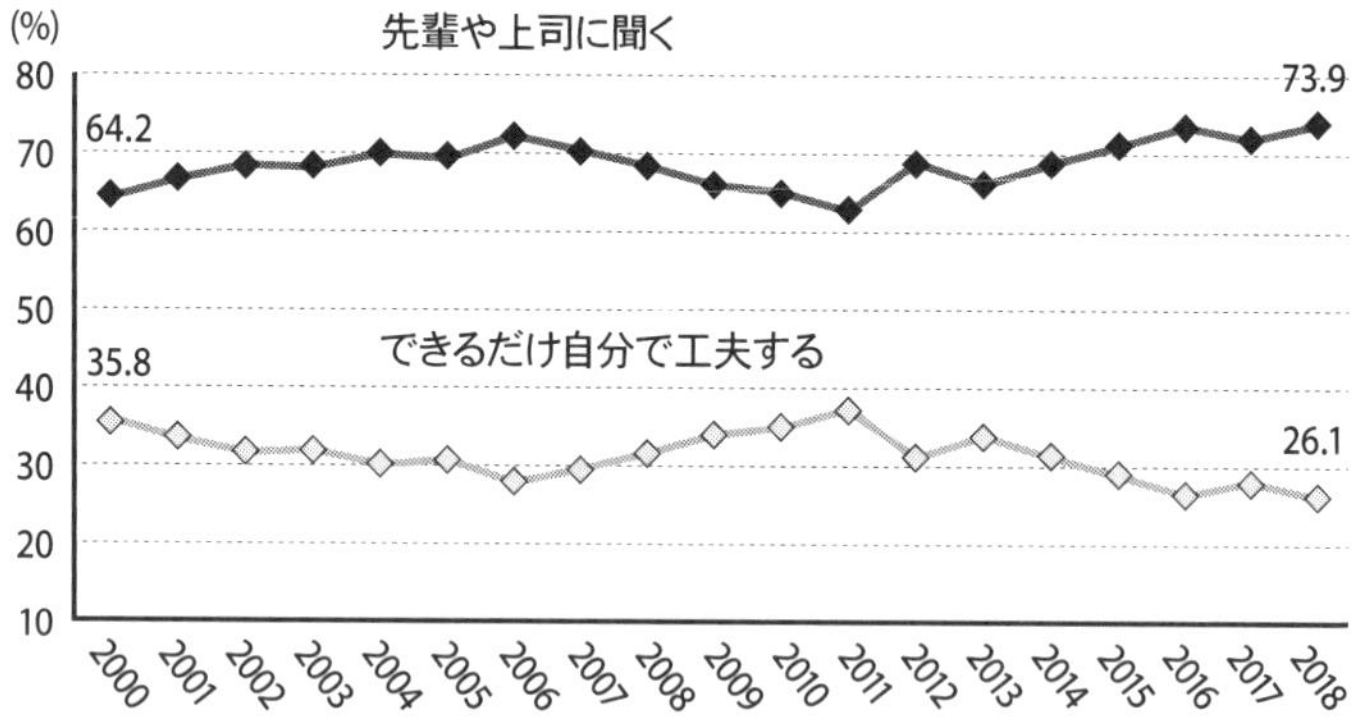

参照：日本生産性本部　2018 年度 新入社員 春の意識調査

とはいえ、この結果は、当然のように私には思えます。彼ら・彼女らが通ってきた**小学校・中学校・高校の多くは、「言われたことをきちんとこなす」というスタイルの指導になっている**からです。

もしかすると学校教育に詳しい方の中には「いやいや、今は文部科学省も生徒の能動性を鍛えようという方針で色々と手を打っているだろう」と思われた方もいらっしゃるかもしれません。

確かに、文部科学省が音頭を取っていることもあります。**アクティブラーニング**（教員による一方通行の授業ではなく、生徒たちに調べさせたり考えさせたりする授業スタイル）や**プロジェクト・ベースド・ラーニング**（地域の特産品を考える等、地元企業や行政とプロジェクトを組み、その経験の中から学ばせる学習法）などがそれにあたります。

最近では、このような能動性を高める取り組みをしている中学校や高校も増えてきました。しかし、「座組みがあること」と「きちんと機能していること」は必ずしもイコールだとは限りません。**機能している場合もあれば、機能していない場合もあるのが実情**だというのが私の実感値です。


というのも、私は、中学校や高校で、こういったプログラムを外部講師として担当することがあります。その際に担当教員に対して「先生は、どういった目的で、この授業を企画されたのですか？」という質問を必ずしています。その返答には、教員によって「温度差」がかなり存在するように感じています。

もちろん、「～という能力を身につけてほしいと思っています。それは、～という理由からです。そのためにはこの授業を通じて云々……」と、きちんと、生徒の能力開発に視座を置いた返答をされる先生はおられます。

世の中には、思いを持った素晴らしい先生方がたくさん存在します。「どうすれば生徒たちが、将来、活躍できるだけの能力を身につけられるのか？　旧態依然のやり方にしばられない新たな手法はないか？」と所属する学校の枠を超え、議論・実践をしている教員グループも存在します。

しかし、残念ながら、全ての先生がそういった前向きな姿勢を持っているとはいえないのもまた実情です。「先生は、どういった目的で、この授業を企画されたのですか？」と質問しても、「教育委員会から指示がきていて、やらなければいけないんですよ」こういった答えしか返ってこない、これ以上のことはまったく考えていない教員も、かなり多くの割合でいるというのが、私の現場感です。

こういった先生方が求めているのは「報告を教育委員会にあげるための、実施したという事実」のみ。生徒の未来に目が向いているようには、私には感じられません。外部講師に丸投げで、授業に顔を出さない先生すらも存在します。


とはいえ、致し方ないとも思います。

文部科学省が２０２１年に実施した「＃教師のバトンプロジェクト」をご存じでしょうか。教員になりたい若者を増やすため、現職の教師から、自分や学校が前向きに取り組んでいる姿をTwitterとnoteで発信してもらおうという取り組みです。

ところが、文科省の意図に反して、発信された現役教員からの投稿は、前向きなものはほとんどありませんでした。「長時間労働」「休憩が取れない忙しさ」「部活動の負担」

など、趣旨とは逆の思いを訴える投稿が大半を占め、ＳＮＳで大炎上し、テレビ等のメディアでも多く取り上げられました。

学校の先生方の多くは過酷な労働環境の中に身を置いています。この環境下で何のサポートもなく「専門外の新しい取り組み」を求められたところで、きちんとした対応は難しいと感じる先生方が大半だよな……。これが、私の現場にいる人間としての感じることです。

だからこそ上司・先輩が取るべきスタンスは**「全ての若者が、学生時代に、仕事をするうえで必要なあらゆる能力・知識・スキルを身につけてきている」といった前提で育成に取り組まないこと**だと私は考えています。

育ってきた環境は、人それぞれ異なります。能力格差が、あらゆる面で存在する現状をきちんと受け止め、**相手にもっと伸ばしてほしい能力があれば、そこをきちんと指導する姿勢が必要**です。

読書習慣・学習習慣を持つ人の割合と促進策は？

読書量と年収は比例するというデータがあります。

経営者や管理職の中でも、成果を出してこられた方ほど、これまでたくさんの読書や勉強をされてきて、今も変わらず学び続けているのではないでしょうか？　上司・先輩がハイパフォーマーである場合、若手に対しても「勉強を怠るな」「本を読め」といったアドバイスすることも多いものです。

しかし、そういったアドバイスは、機能する人もいれば、まったく機能しない人もいることは理解しておく必要があります。なぜなら、**読書習慣も学習習慣もない人の割合が、非常に多くを占める**からです。

次の図は、高校生の読書量の調査です。（図10）

世の高校生のうち55・3％は、1日の読書時間は「0分」です。つまり、**漫画等を除き、一切、本を読まない人が半分以上を占めています。**

【図 10】

学生の不読者（0 冊回答者）の推移

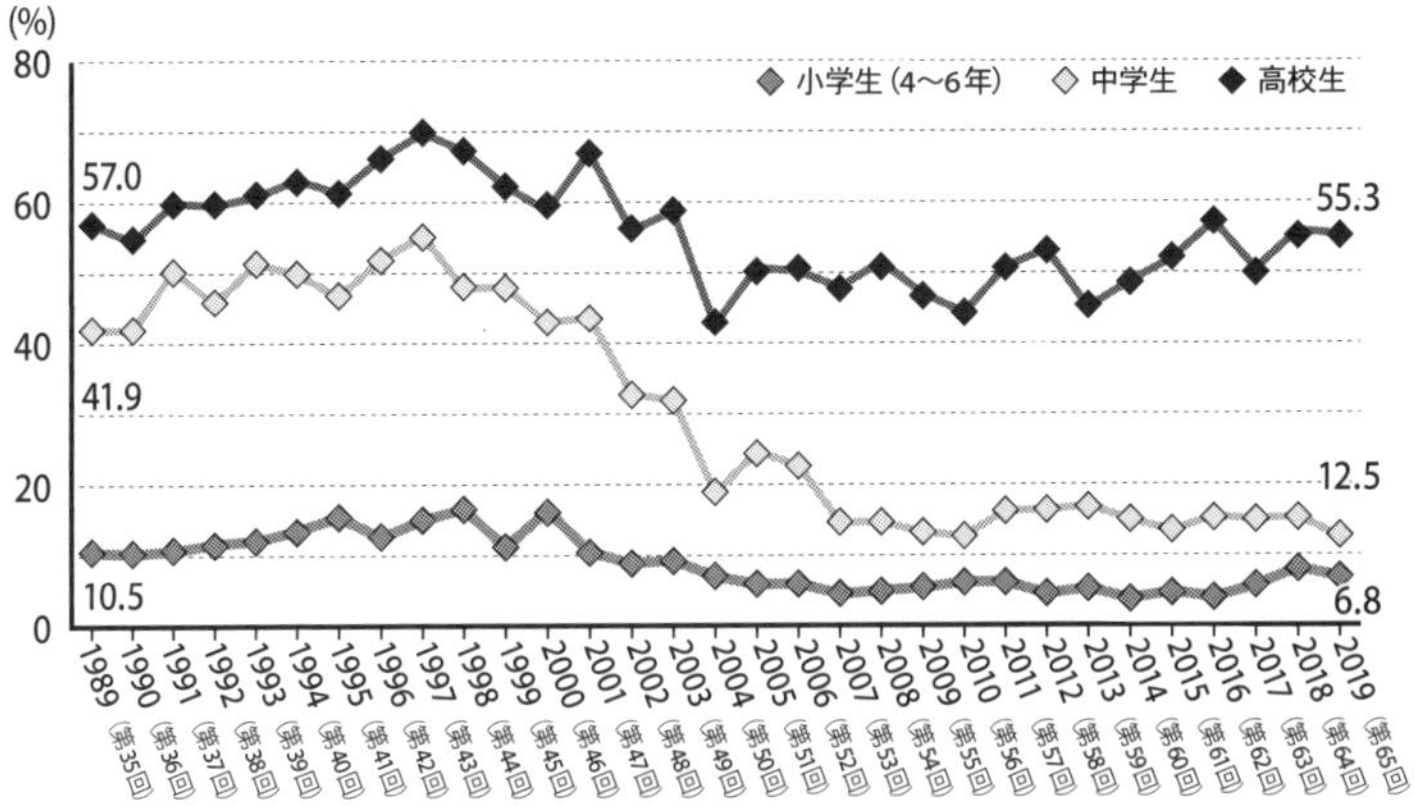

参照：全国学校図書館協議会　第 65 回学校読書調査（2019 年）

【図 11】

大学生の１日の読書時間分布

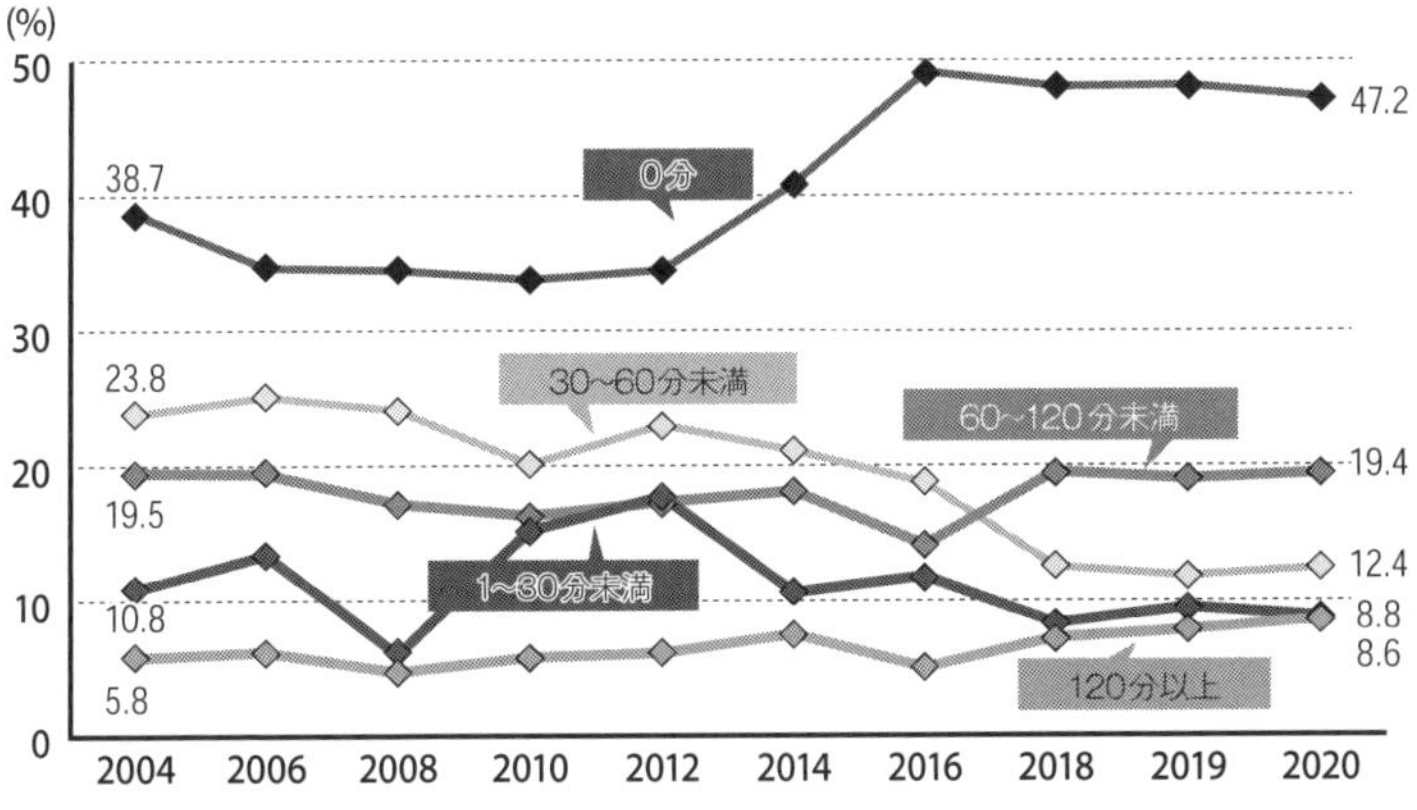

参照：全国大学生活協同組合連合会　第 56 回学生生活実態調査（2021 年 3 月）

では大学生はどうでしょう？（前頁図11）
大学は研究機関です。程度の差はあれ、皆、それなりに学習に取り組んでいるように思われるかもしれません。
しかし、大学生の47・2％は、1日の読書時間が「0分」です。つまり、世の大学生の約半数は、1年間に1冊も本を読んでいません。
もちろん、一生懸命に学びを深めようとしている学生も大勢います。

▼本気で研究内容を突き詰めようと取り組む
▼研究内容を海外からも見てみたいので、交換留学の権利を掴みにいく
▼学部を横断して多くの授業を取る
▼素晴らしい本が無料で読み放題の大学の図書館を有効活用する
▼知の巨人である教授に頻繁に相談し、仲良くなることで個人的に色々と教えてもらう
▼SNS等を活用し、学校や年齢、性別、国籍等を横断して仲間をつくる
▼本気でスタートアップ企業でのインターンシップなどに取り組む
▼読書内容をSNSで発信する
▼社会人の勉強会に参加する

このように積極的に学びを深めている多くの学生に、私は出会ってきました。彼ら・彼女らは、社会人になった今も、色々と学び続けて、活躍しています。

しかし、**こういったタイプは、やはり「レアキャラ」**だと私は感じます。社会人に、学生時代を振り返ってもらったデータからもそれが読み取れます。（次頁図12）

学生時代にどういったスタンスで勉強に取り組んでいたか？という調査ですが、学生時代に「日常から学習していた人は、約30％」「4割の人は一夜漬けで乗り越えてきた」「3割がほとんど勉強していない」という返答でした。

つまり、社会人の約7割は、勉強の習慣を持っていません。

次のようなデータもあります。（次頁図13）

世の新人の約半数、若手の約6割、中堅の約7割が、自主的な学習に何も取り組んでいないとの回答結果です。

これらのデータ通り、自主的に学習に取り組んでいる若者は、そう多くはないというのが私の現場感です。

では本を読まない、学習習慣のあまりない若手をどう育成すれば良いのでしょうか？

【図 12】

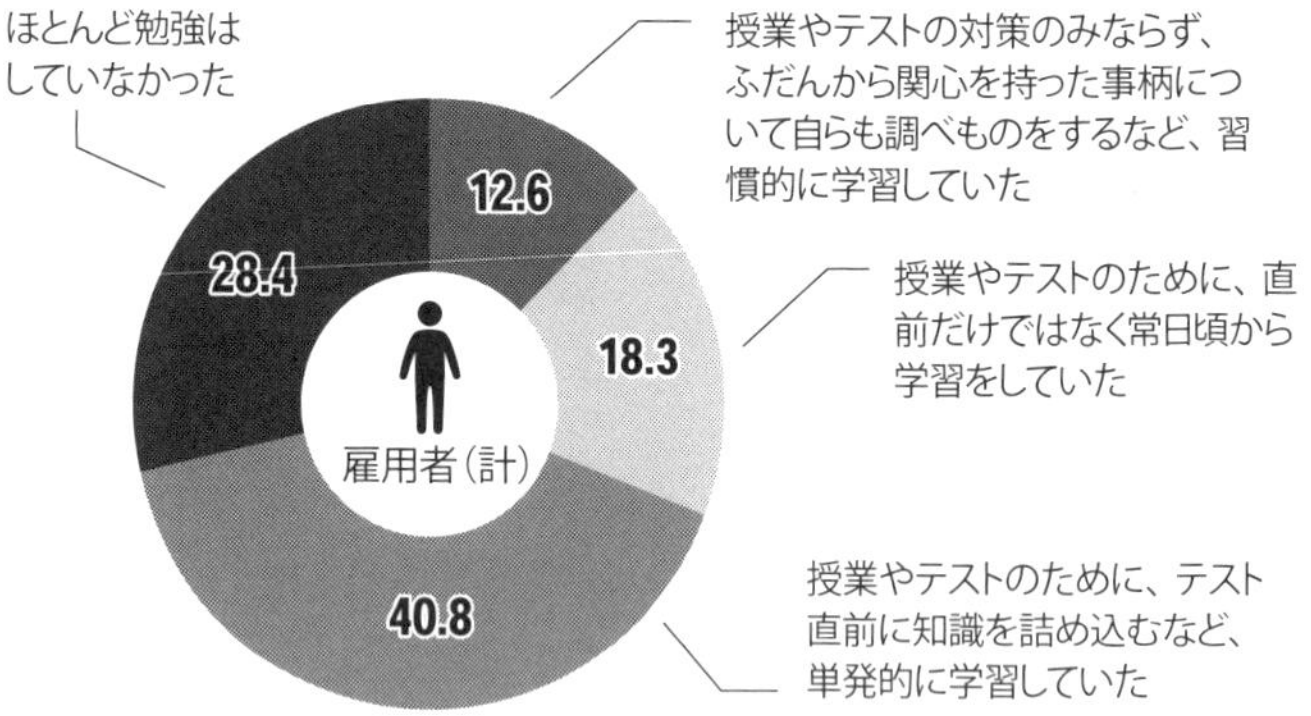

参照：全国就業実態パネル調査（2018 年 7 月）

【図 13】

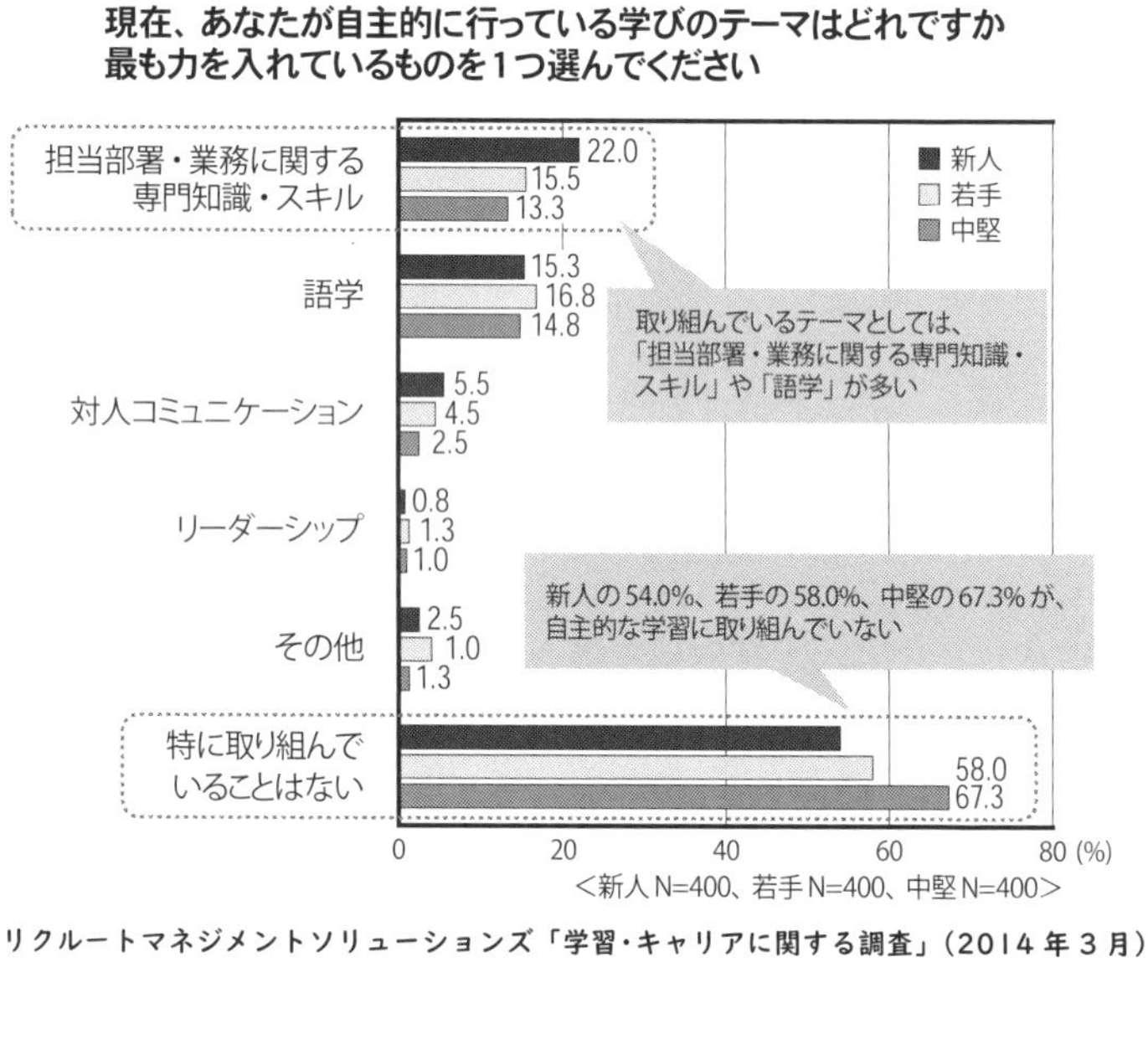

参照：リクルートマネジメントソリューションズ「学習・キャリアに関する調査」（2014 年 3 月）

一例ですが、育成がうまくいっている企業は**「学習の仕組み」**をつくっているように思います。

たとえば、ある企業では、オフィスに「図書棚」を設けています。新刊含め、ビジネス書などがずらっと揃っており、これを自由に無料で借りられる仕組みです。とはいえ、「本が存在し、自由に借りられる仕組み」だけでは機能しません。

そこで、「読書勉強家会」を開いています。２週間に一度、全員が「自分が読んだ本の概要やポイント、どこが役に立つと思ったか」を発表する場を設けているのです。

勉強する、本を読むといった習慣がない人に対して「勉強しろ」「本を読め」と伝えたところで、行動は変わりません。

しかし、「発表しなければいけない」という状況をつくってしまえば、読まざるを得なくなります。そうすると、図書棚が活用されていきます。

学習習慣や読書習慣がない人に対しては**「仕組み」を通じて促す方が効果的**です。

「お酒の場で指導する」というスタンスがＮＧだといえる根拠

「昼間、ガツンと叱っても、夜、飲みながらフォローすれば絆《きずな》はつくれる」

「仕事の後、お酒を飲んで語り合い、議論をしながら、お互いのことを分かりあおう」

最近は減ったように思いますが、このようなお酒の機会が、昔はよくあったのではないでしょうか。（私も20代の頃は、上司から声をかけられ、中野の居酒屋でよくお酒を飲んでいました）

しかし、こういったコミュニケーションスタイルは、（企業カルチャーに左右されますが）**万人には好まれなくなってきた事実**があります。

次のような調査があります。（図14）

この調査では、新入社員のうち、63・7％の人が新人歓迎会や懇親会などは「必要だと思わない」と回答しています。「普段の仕事帰り」だけでなく「新人歓迎会といったオフィシャルなもの」でさえ不要だと感じている人が多くを占めるようになってきたの

【図 14】

あなたは職場などにおいて、
新人歓迎会や懇親会などを行うことは必要だと思いますか。

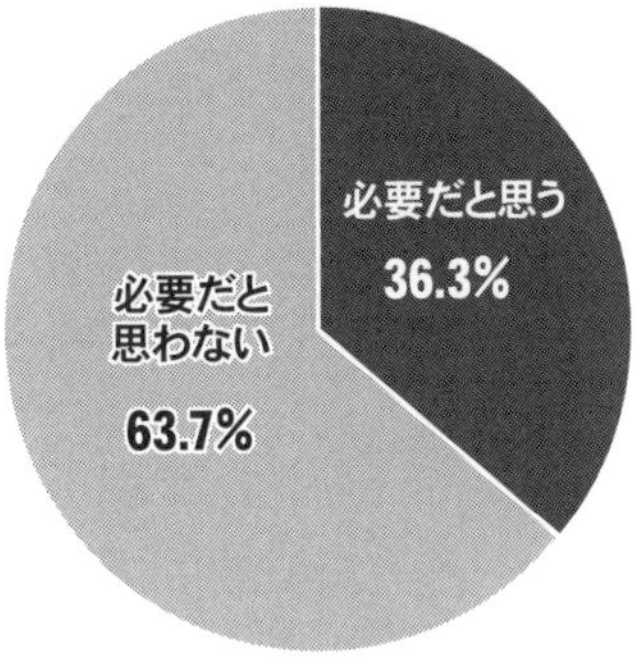

参照：アイブリッジ株式会社　新生活に関する調査（2021 年 4 月）

【図 15】

会社のオンライン飲み会に参加したいか?

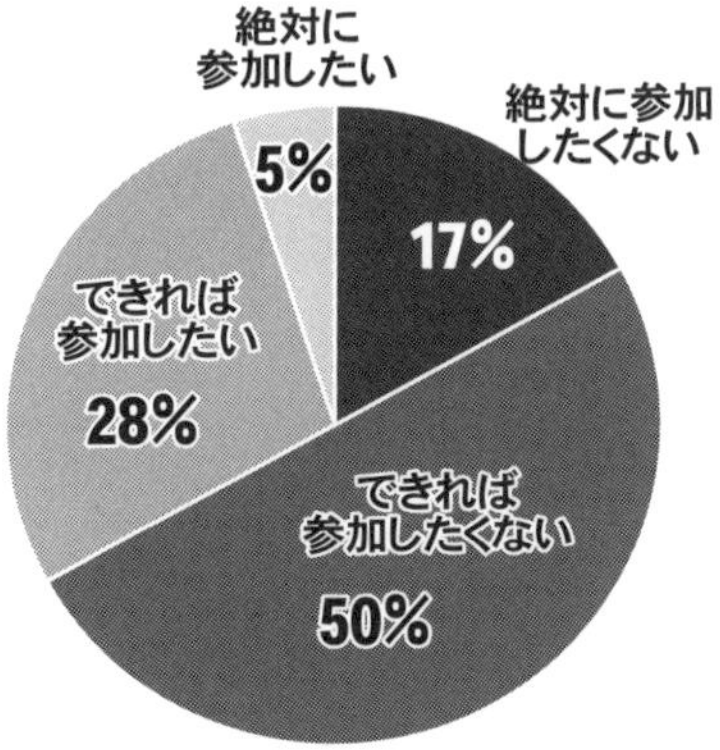

参照：Lip Pop　会社オンライン飲み会調査（2020 年 4 月）

です。

ちなみに、テレワークが推進され、物理的距離が離れているからこそ、コミュニケーションを図るうえで、「オンライン飲み会」を開いているケースもあるでしょう。

しかし、このようなデータもあります。（前頁図15）

「会社のオンライン飲み会に参加したいか？」という質問に対しては、約7割の人が、「参加したくない」と回答しています。これらのデータも、私の実感値として同様です。

ここ数年、学生の就活相談で増えたのが「夜、上司から『飲みにいくぞ！』と誘われたとき断ってもまったく問題ない会社はどこですか？」という質問です。（ちなみに「ランチはひとりで自由に取りたいです。部署の皆で連れだっていくような企業を避けたいのです。どこを見れば判断できますか？」といった質問も増えてきました）

勘違いのないようにお伝えしておくと、「上司や先輩たちとアフターファイブに色々と語り合いたい」と言っている人も一定数います。「好きな人は好き」というのが私の実感値です。だから、それを全否定しているわけではありません。

ただ、留意すべき点は「好き嫌いが明確に分かれている」という点です。**「全員がそ**

れを望んでいるわけではない」ということは理解しておく必要があると私は考えています。

とはいえ、コミュニケーションを図るうえで、飲み会・食事会という手段は有効であることも間違いないのではないでしょうか。ゆえに、最近は「ランチ」でこれを実施している企業も多いです。ランチには次のようなメリットがあります。

▼時短勤務の方も参加できるので不公平感がない
▼「お酒なし」につき、飲めない人も余計な気を使わなくて済む

ポイントは、「**会社経費で、いち個人としては日常的に食べられないような、少し高級なお弁当を出す**」という点です。社内で実施する場合は会社まで配達してもらいます。オンラインの場合は各自の自宅まで配達する手配をかけます。

この形であれば「皆で同じものを食べる」という一体感が生まれますし「普段のランチよりも美味しいものが食べられる」といったメリットもあります。

「上司に飲みに誘われたら、何を差し置いてでも、行くのが当たり前だ。仕事の一環だ。それが上司に対するマナーだ」

こういったカルチャーで育ってきた方もいらっしゃるかもしれません。しかし、**それは勘違い**です。たまたま配属された部署が、そういうカルチャーだっただけであり、まったくマナー違反ではありません。それどころか、**上司・先輩側のハラスメントに当たる可能性も高い**行為です。

「時代に合った形のコミュニケーション」の理解も必要です。

「転職」に対する意識はどうなっているのか？

ひと昔前までは、「石の上にも三年」という言葉通り「どんな環境であれ、最低3年は、この会社で頑張る」というのが当たり前のカルチャーとしてあったのではないでしょうか。

しかし、この価値観は既に崩れています。その時代の感覚を持った経営者・上司・先

【図 16】　入社後に退職を検討したことがありますか?

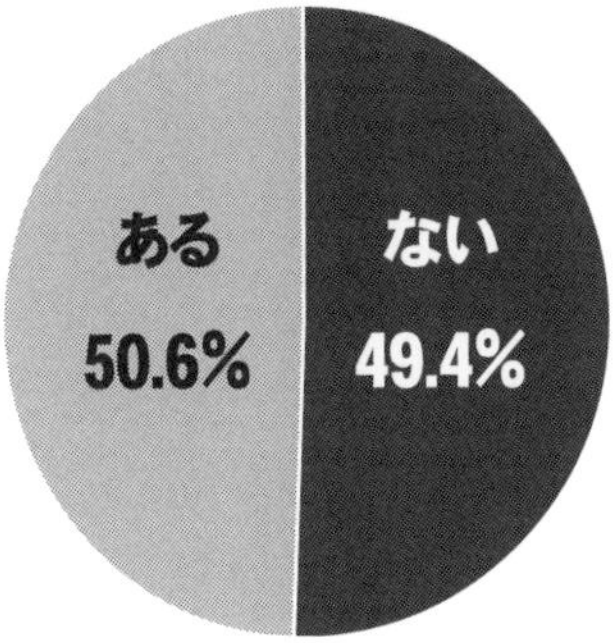

参照：日本労働調査組合　21 卒新社会人の勤務意識に関するアンケート調査（2021 年 6 月）

輩の方々は、「自社でずっと頑張っていこうと考えている」ということを前提にしているかもしれません。もちろん、そういう人もたくさんいます。しかし、全員がそうとは限りません。

次のようなデータがあります。（図16）

新卒入社後、２か月以内に、50％以上の人が「退職を検討した経験がある」と答えています。今は転職サービスにスマホひとつで簡単に登録できる時代です。

次のようなデータもあります。（次頁図17）

２０２１年の４月に新卒入社し、１か月以内に転職サービスに登録した人の割合は、10年間で約26倍に増えています。

もちろん、「転職を考えた」「転職サービスに登録した」からといって、実際に転職をすることには必ずしもつながらないでしょう。転職経験がなく、転職サービスを活用した経験もない方の中には、「まだまだ何もできない新人を他で雇うところもないだろう」と思う方もいるかもしれません。

しかし、世は人手不足です。（実際に退職するのが良いか悪いかは別にして）転職サービスの中には「第二新卒」というカテゴリーがあり、「年齢が若い」ということがひとつの武器になる事実もあります。

また、管理職研修の場などで質問するとご存じない方も多いのですが、最近は、就職・転職に関する口コミサイトが存在します。

▼OPENWORK（https://www.vorkers.com/）
▼転職会議（https://jobtalk.jp/）
▼エン　ライトハウス（https://en-hyouban.com/）
▼キャリコネ（https://careerconnection.jp/）

たとえば、どこかに外食に行く際、「食べログ」等の口コミサイトを検索し、お客さんとしてそのお店に行かれた方の声を参考にされる方も多いでしょう。同じように、就

【図 17】

入社１か月以内に転職サービスに登録した人の割合

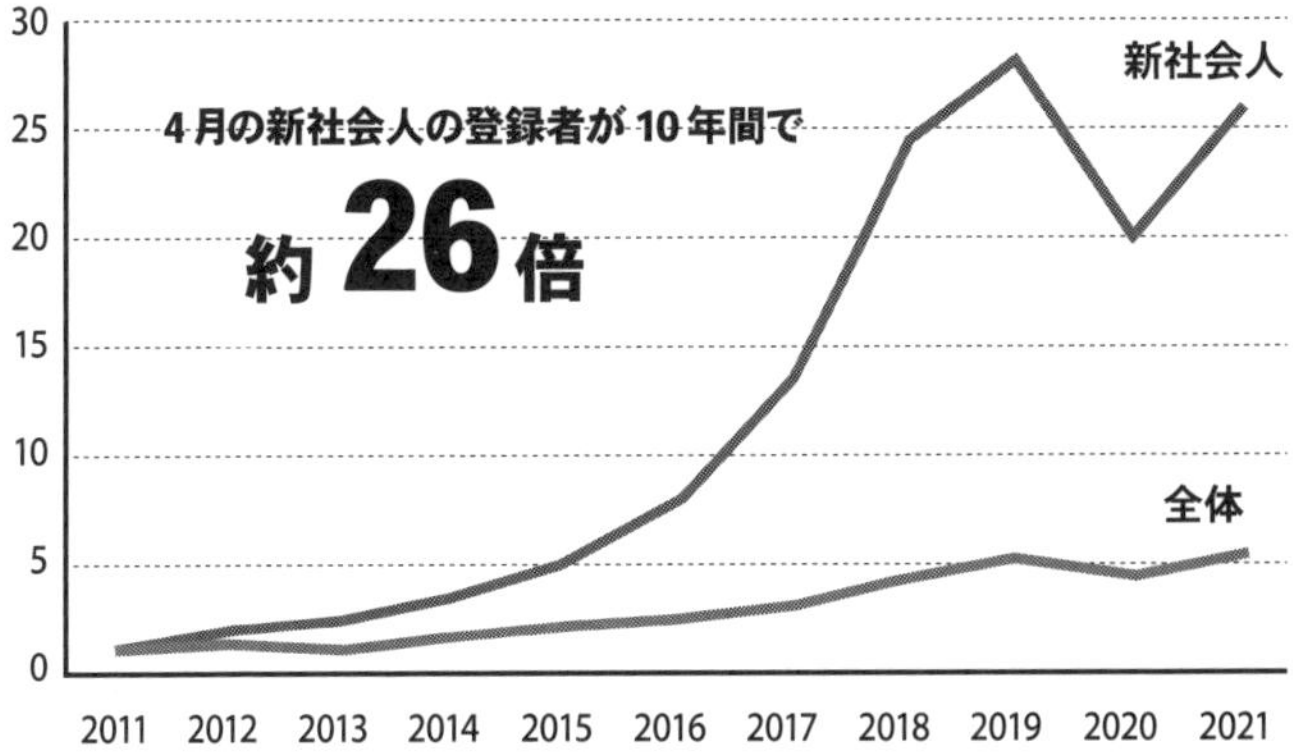

参照：2021 年 05 月 24 日パーソルキャリア株式会社発表データ

職・転職時は、これらの就職・転職口コミサイトを検索し、その会社で働く人の生の声を拾うことができます。「今の会社は他と比べてどうなのか？」「在籍する意味はあるのか？　転職した方がよいのか？」**スマホひとつで、簡単に「生の声」を集められる時代**なのです。

こういった価値観を持った人が多いことも知っておいた方が良いのではないでしょうか。（とはいえ、きちんとした育成やコミュニケーションを図っていれば何の問題もありませんが……）

新卒採用現場のリアルな実情は？

「人事部が、きちんと見極めて、もっと自分から考えて動けるような人材を採用してくるべきだ」

経営者や現場の管理職の方で、このようなクレーム（？）を人事部宛てに伝えてくる方がよくいらっしゃいます。しかし、それは**知名度の高い一部の企業を除き、とても難しい現状**があります。メディアでもよく言われていることですが、人口減により労働人口が減っている実情があり、世の中で**特に若手は「人手不足」**です。つまり、募集をかけても、応募者が集まりにくいのです。

新卒採用においては、大手の人気企業では、数万人のエントリーがあります。一方で知名度の低い中小企業では、ナビサイトに有料掲載しても、10名以下の応募しかないといった企業も多くあるのが現状です。

このデータ（図18）によると、大企業の約6割、中小企業の約5割が「人手不足」という認識を持っています。

【図 18】

従業員の過不足感 ～規模別～

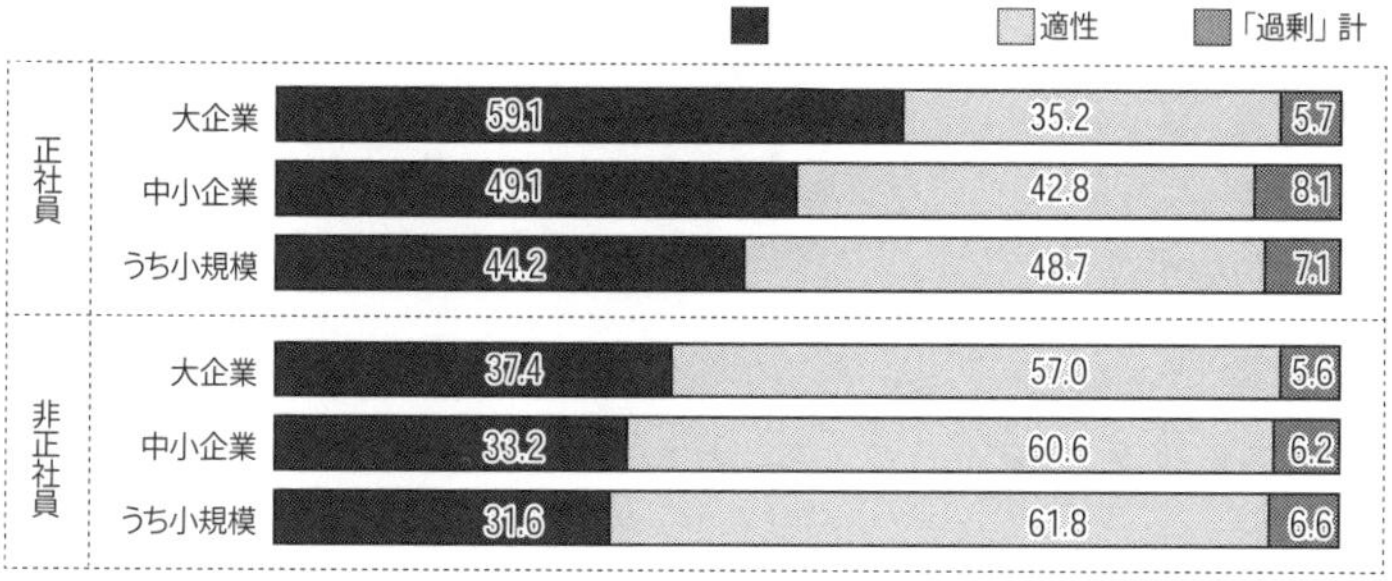

参照：帝国データバンク人手不足に対する企業の動向調査（2018 年 1 月）

２０２０年に新型コロナウィルスの問題が発生し、メディアでは、雇用維持の問題が毎日のように大きく扱われています。しかし、コロナ禍であっても、新卒（大卒）の就職内定率は「96・1％」です。例年以上の高い水準にあります。（次頁図19）

もちろんコロナ禍の影響から、大幅に採用者数を減らした業界も存在します。しかしＩＴ業界など、大幅に採用を増やしている企業もあり、全体で見ると、コロナ前と同水準なのです。やはり「人手不足」であることには、変わりありません。それは、次のデータからも分かります。（次頁図20）

企業の採用における課題感を示したものです。上位３つは、「選考中辞退／内定辞退」「採

【図 19】

就職内定率

大学生 _ 全体（就職志望者 / 単一回答）※大学院生除く

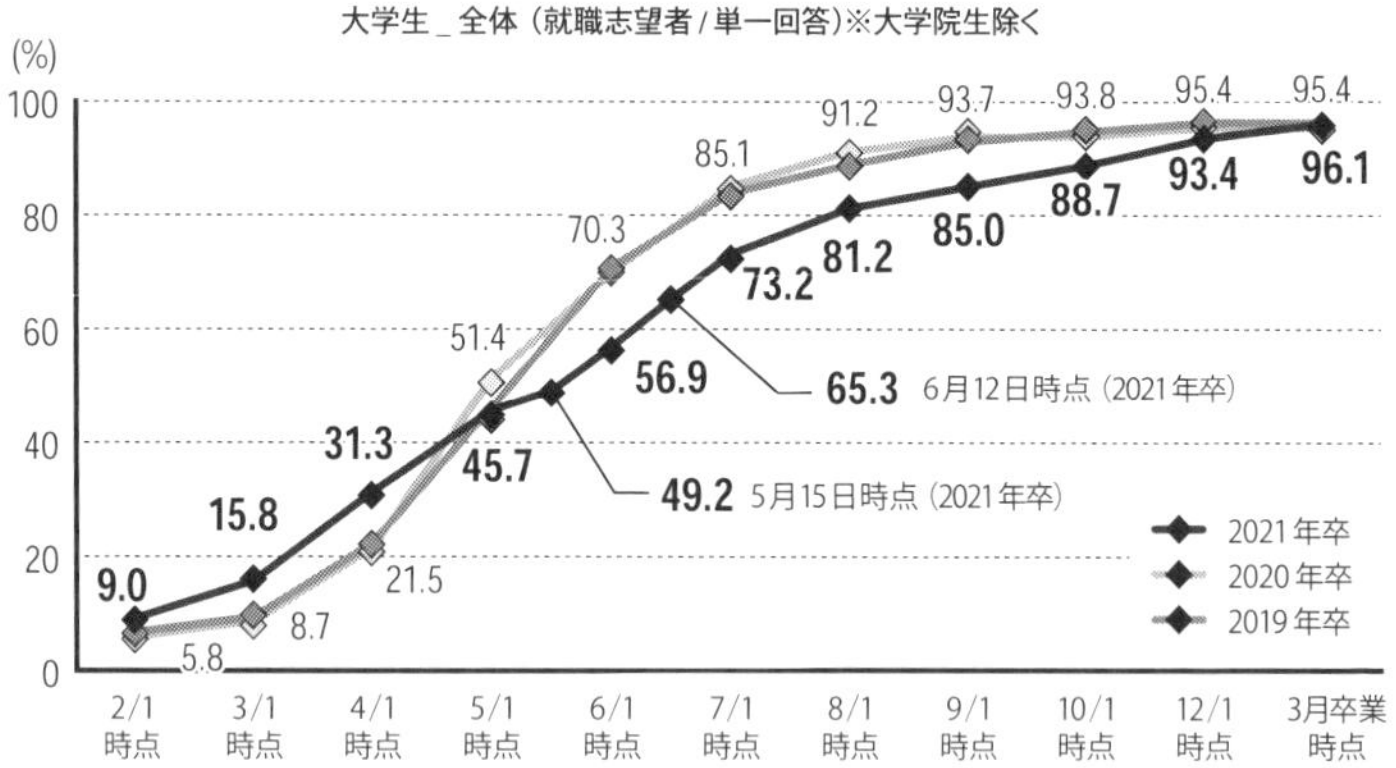

参照：「2021 年 3 月度（卒業時点）内定状況」就職プロセス調査（株式会社リクルートキャリア）

用重点層へのアプローチ」「母集団形成（応募者数の確保）」という項目です。

やはり**「望むような人が集まらない」という領域の課題**なのです。望むような人が集まらなければ、採用基準を明確にしても、なかなか、求める基準に見合った人を採用するのは難しいでしょう。

ちなみに、次の写真はある合同企業説明会でのものです。（写真1）

学生は、翌日のイベントに参加さえすれば「金券」を2000円分、手にすることができます。さらに4社以上回れば1000円分がプラスされます。

特に、1990年代後半〜2005年あたりまでに就職活動をされた方は、自分たち

【図 20】

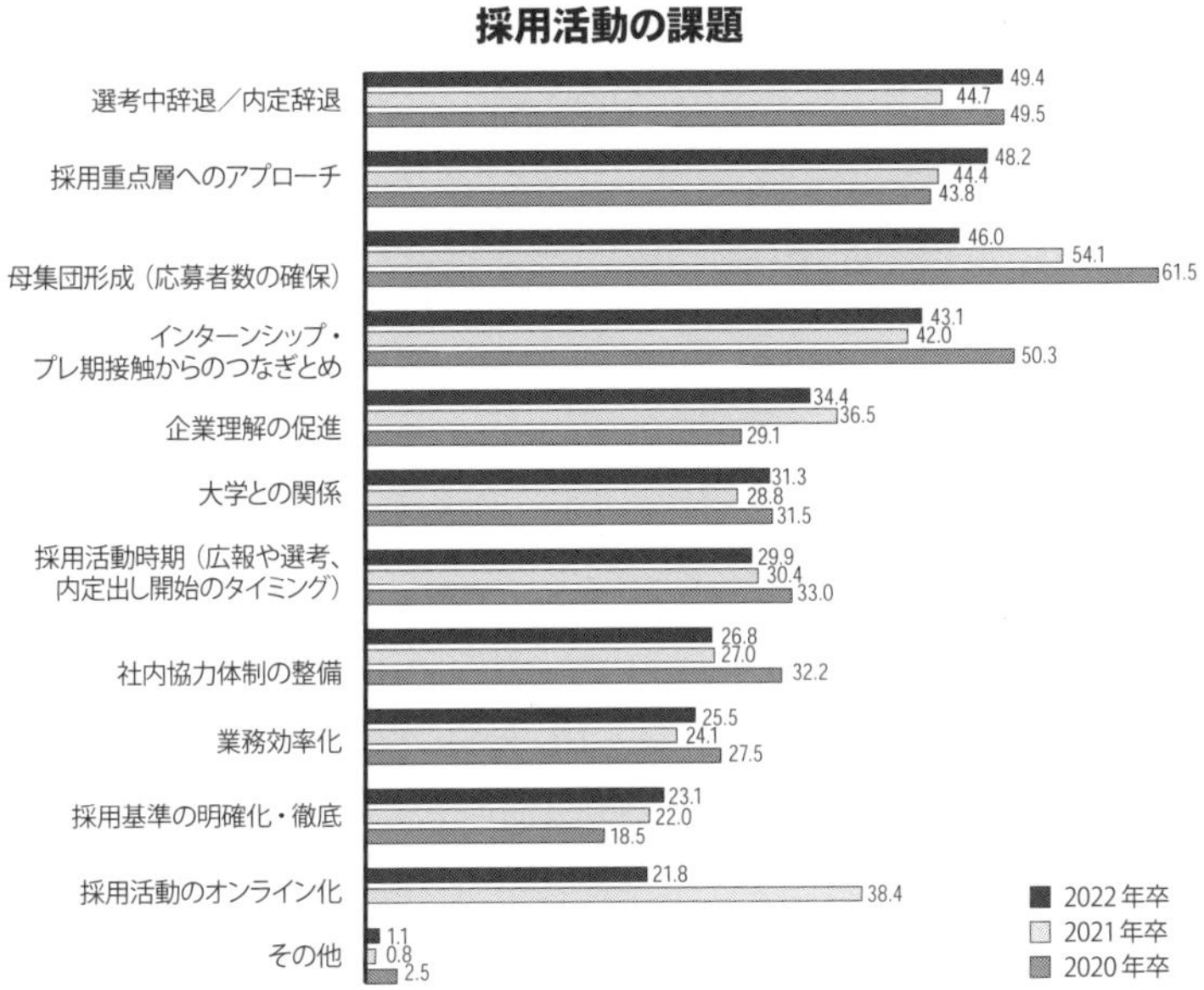

参照：2022 年卒採用活動の感触等に関する緊急企業調査（2021 年５月）（株式会社ディスコ キャリタスリサーチ）

【写真１】

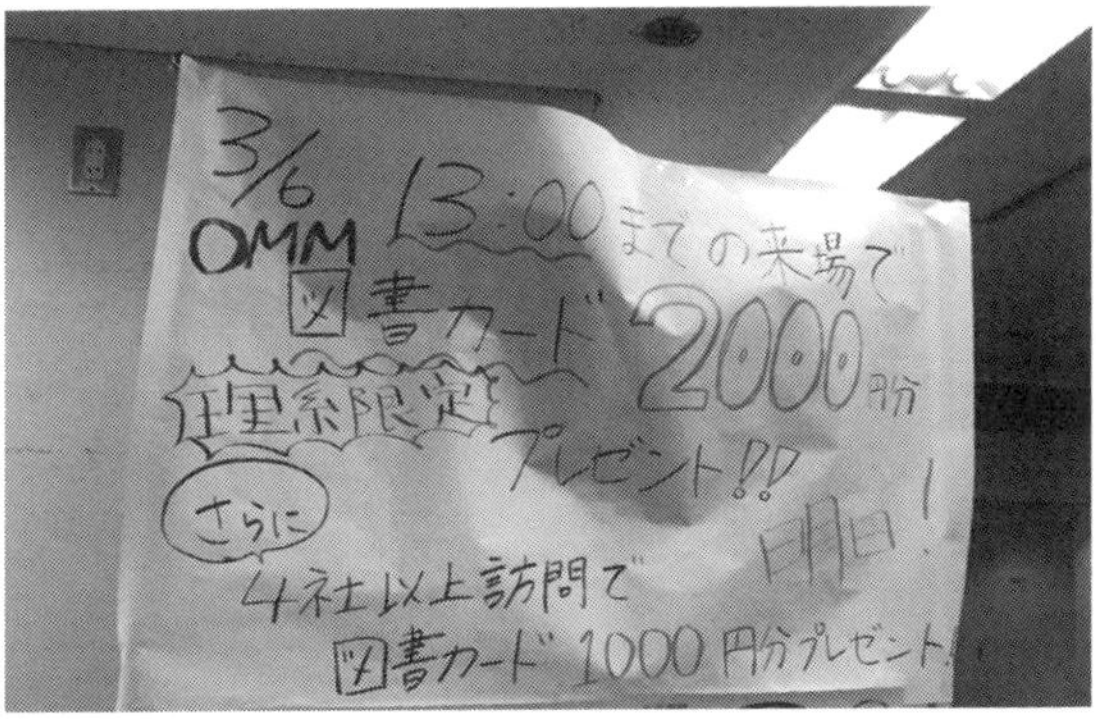

の時代との違いに驚いたかもしれません。もちろん、イマドキのこういった施策に対して、良い・悪いの判断をしたいわけではありません。

お伝えしたいことは、「**イマドキの若手たちは、昔よりも競争環境が少ない世界で生きている**」ということです。こういった環境下では、ガツガツしていない人が多くなるのも当然ではないでしょうか。

だからこそ時代の違いを受け入れ、イマドキにあった育成が必要であると、私は考えています。

第3章
育成に役立つ
ヒトの心理メカニズム

もしこんな指導を受けたら素直に受け取りますか？〔３つのF〕

脳の仕組みから考えると、**「意識を変える」のではなく「行動を変える」ことに焦点を当てた指導アプローチを行う必要があります。**「もっともっとチャレンジ精神を持て！」「プロ意識を高めろ！」など、受け身なスタンスの若手たちに対しては、ついつい熱くなり、こういった「意識」を変えようとする指導をしてしまいがちです。しかし、このアプローチでは相手は伸びづらいものです。

え？「意識」が全ての土台だろう……。

そう思われる方もいらっしゃるかもしれません。仰る通りです。勘違いを避けるためにお伝えすると「意識なんて関係ない！」と伝えているわけではありません。**どちらも大切なものであり、両輪です。**

ただし、**「意識」は言葉で伝えても変わりづらい特性を持っている**点は、理解しておく必要があります。なぜなら、人間は、他者から「内面を変えろ」と変革・変化を求められた場合、防衛本能から、次の３つの反応をする傾向が見られるからです。

▼**戦う（Fight）：反発・反抗する**
▼**逃げる（Flight）：その場から逃げようとする**
▼**黙る（Freeze）：無視を決め込む**

たとえば、あなたが高校生だとして、日々、親から「お前はまず人としてなっていない！　きちんとしろ！」と言われているとしましょう。そんなときあなたは、「そうか。反省して心を入れ替えよう。さあ、まず、こんなことから変えてみよう！　もっと期待に沿えるように頑張ろう！」なんてことを思うでしょうか？「**反発**」して喧嘩になるか、顔を合わせないように「**逃げる**」か、「**無視**」するのが関の山でしょう。

もちろん、会社においては、上司と部下、先輩と後輩という関係がありますから、空気を読んで、あからさまにこういった反応を表に出す人は少ないでしょう。（中には、露骨に表す人もいるかもしれませんが……）「聞いているそぶり」を見せる方が大半のはずです。

しかし、それで本質的に相手の行動に変化が見られるでしょうか？　おそらく見られないはずです。つまり、人間が持つ「本能」の側面から見て、相手の内面を変えようとするアプローチは効果が薄いのです。『ＡＩ分析でわかったトップ５％社員の習慣』

（ディスカヴァー・トゥエンティワン）でも「上司が『意識を変える』ための働きかけを続けた対象者（部下）の92％の人はその後2年間のうちに行動が変わらなかった」という調査データが出ています。**「意識」を変えようと思うのであれば「行動を変える・環境を整える」アプローチをとりながら、「意識の部分に触れていく」アプローチを行う方が効果的**なのです。

たとえば、A社で売上トップの営業社員のBさんは、こんなことを仰っていました。

> 20代中盤の頃、営業二課に異動になり、上司がCさんに変わったことで、自分は売上が伸びるようになりました。異動になる前の部署の上司は、ただ「お客様に寄り添え」とか「気持ちをぶつけてこい」といった抽象論ばかりを言う人で、どうしたら良いのかが見えずに辛かったです。辞めることも考えました。
>
> しかし、Cさんは、なかなか数字が上がらない自分に「ここが課題だから、具体的にこうしたらいい」といったことをフィードバックしてくれる上司でした。そのプロセスを通じて、「全てはお客様のためになるにはどうしたら良いのか？　ということを軸に考えるんだ」といった、セールスパーソンのあり方を考えさせてくれました。

結果、徐々に売上が伸びるようになり、もっと上を目指したいという欲も出るようになりました。
前の上司が仰っていたこと自体は、今になって振り返れば、本当にその通りだとは思います。ただ、当時は、ただの精神論にしか聞こえなかったですね。仰っていたことの意味を理解できたのは、数字が上がるようになってからです。

まさにBさんをトップ営業に育てた上司Cさんは、「やり方（行動）」の指導から入って、「あり方（意識）」の変化を起こすという流れの指導をされていますね。**成果は行動の積み上げの結果**です。

行動が変わる↓結果が出る↓行動を起こすことに価値があるという意識に変わる↓自信が芽生える↓思考が前向きになる↓さらに行動を起こす

このような流れで「意識」は変わっていくのです。

「主体性」は持っているのが当たり前ではない
〔自己調整学習力〕

「主体性＝自分から考えて学ぶ・行動する力」のことを教育学では**自己調整学習力**といいます。

育成をするに当たって理解しておくべきは、この「自己調整学習力（＝主体性）」は、生まれつき備わっているものではなく、**「後天的に身につく能力である」**という点です。現段階での主体性の高さは「これまで主体性が求められる環境に身を置いた経験があるか・ないか」に影響を受けています。

学校を卒業したばかりの新入社員であれば、学生時代に部活やサークル、アルバイト、研究などにおいて、しかるべき環境で本気で取り組んだ経験のある人は、身についている可能性が高いと考えられます。

たとえば、A社に「先回りして気を利かせられる」と主体性を評価されていたBさんという新入社員がいました。

Bさんは、学生時代に3年間、世界的に有名なテーマパークでアルバイトをし、表彰までされた経験を持っていました。そのテーマパークのアルバイトでは「ゲストにどうすれば喜んでいただけるか？」を深く考えることが求められたそうです。本当にやりがいを感じ、本気でそのアルバイトに取り組んできたといいます。

つまりBさんには、自ら考えて学ぶ・行動することが求められる環境で本気で活動した「**過去の経験**」がありました。この経験を通じて「先回りして気を利かせられる」という主体性を身につけていたのです。

ドライな言い方かもしれませんが、教科書的にいえば、「採用の段階で、この能力を高めてきたか経験の有無を確認し、主体的な行動を取れる人に内定を出す」というのが理想です。

しかし、新卒採用で数万人の面接をしてきた私の実感値からすると、「主体性が鍛えられる環境」に身を置いた経験を持つ人は、そう多くはありません。50ページのデータからも分かるように、学生時代に「主体性を身につけてきたとは言い難い人」が大多数を占めているのが現実なわけです。

だからこそ、主体性が鍛えられる環境に身を置いてきた人は各社で取り合いです。10社以上から内々定を取る学生もいます。

現実として、この経験・能力が高い人「のみ」に内定を出すことは、ごく一部の知名度の高い応募者がたくさん集まるような企業等を除き、現実的ではありません。

であれば、**まずは、相手の主体性が高いのか・低いのかをきちんと見極める。そして、もし低いようであれば、それを受け止めたうえで、「これからどう伸ばしていくか？」というアプローチをとる方が建設的**です。

「主体性」は抽象論ではなく足場をかけて伸ばす〔スキャホールディング〕

主体性を伸ばすには、抽象論ではなく、スキャホールディングという「足場」をかけてあげるアプローチが効果的です。これは「どうすればよいのか？」という具体的なサンプルを例示し（＝足場）そこから応用を促す方法です。

例を挙げて考えていきましょう。

新入社員の主体性に課題を感じていたＯＡ商社Ａ社での春の新人研修でのこと。人事部Ｂさんは、日々、朝礼で「もっと自分から積極的に、主体性を持って行動してほしい」ということを熱く伝えていました。しかし、研修の参加者たちの行動に変化は見られませんでした。

ただ、それも当然の結果です。新入社員の中で学生時代に主体性が求められる環境にいた経験がある人はほぼゼロだったからです。（人気企業とはいえない企業であり、応募者も少なく、主体性の高い人を採用するのは難しい現状でした）つまり、「『自ら積極的に、主体性を持って行動する』とはどういう行動なのか」をイメージできないのです。

これでは、口がすっぱくなるほど抽象論を語られても、変えようがありません。私が講師として登壇させていただいた日も、人事部Bさんは朝礼でいつものように熱いメッセージを伝え、発破をかけていました。その「発破かけ」の後を引き継いだ私は、次のようなメッセージを伝えたうえで、研修を開始しました。

先ほどBさんが仰っていた、自分から積極的に主体性を持って行動しようというお話。私もすごく大切だと思います。講師目線からも伝えさせてください。

私は様々な企業で研修に登壇させていただく機会があります。講習生の中には、朝、私が準備をしていると「お手伝いしましょうか」と声をかけてくださる方がいます。休憩中に「ホワイトボードを消しましょうか」といった声をかけてくださる方もいます。**（＝サンプル提示による足場かけ）**

これらの行動は私からお願いしたわけではありません。自主的にしてくださったことです。こういった気遣いは、とても嬉しいです。

Bさんが仰っていた「主体性」とは、このように、自ら進んで起こす行動のことです。

そう難しいことではありませんね。

とはいえ、皆さんは営業職としてこれから仕事をしていくわけですが、こういった「相手を気遣う能力」を身につけていくことも、必要ではありませんか？　だからこそ、皆さんの配属後の活躍を願うBさんが、日々、こういったメッセージを伝えてくださっているのだと思うのです。

そこで提案です。これから数週間、研修が続き、色々な講師の方が来られると思います。この力を伸ばすため、講師に対して「どんな気遣いができるか？」を考え、行動に移してみませんか？　**（＝応用の促進）**

この投げかけをしたところ「研修内で使用した回収資料を先生の片付けの手間が省けるように全員分、自分たちで順番にまとめたうえで返さないか？」といった声があがるなど、様々な変化が見られました。

主体性が低い人への指導をする際は、このような「**具体的なサンプルを例示し（＝足場）そこから応用を促すアプローチ**」を行うと効果的です。

早期離職やメンタル不調者を減らす方法〔ソウルの欲求〕

「結果が全て。新人も、結果を出すまでは人として認めないからな！　まずは数字を上げろ！」

平均値をはるかに超える高い離職率の専門商社A社のカルチャーは、このようなものでした。

A社のように、**若手の早期離職率が高い、もしくはメンタル不調者数が多い企業の特徴のひとつに「結果重視主義があまりに強すぎる」**という点が挙げられます。このようなスタンスに立った指導は、育成においてはNGです。

もちろん仕事ですから、結果が求められるのは当然でしょう。しかし、このスタンスはメンタル不調者や早期離職者を増やすだけでなく、法令違反等のコンプライアンス違反を起こす社員が出てくるリスクも高めます。

その理由は、筑波大学大学院名誉教授の宗像恒次博士が提唱する**ソウルの欲求**という

【図 21】　ソウルの欲求①

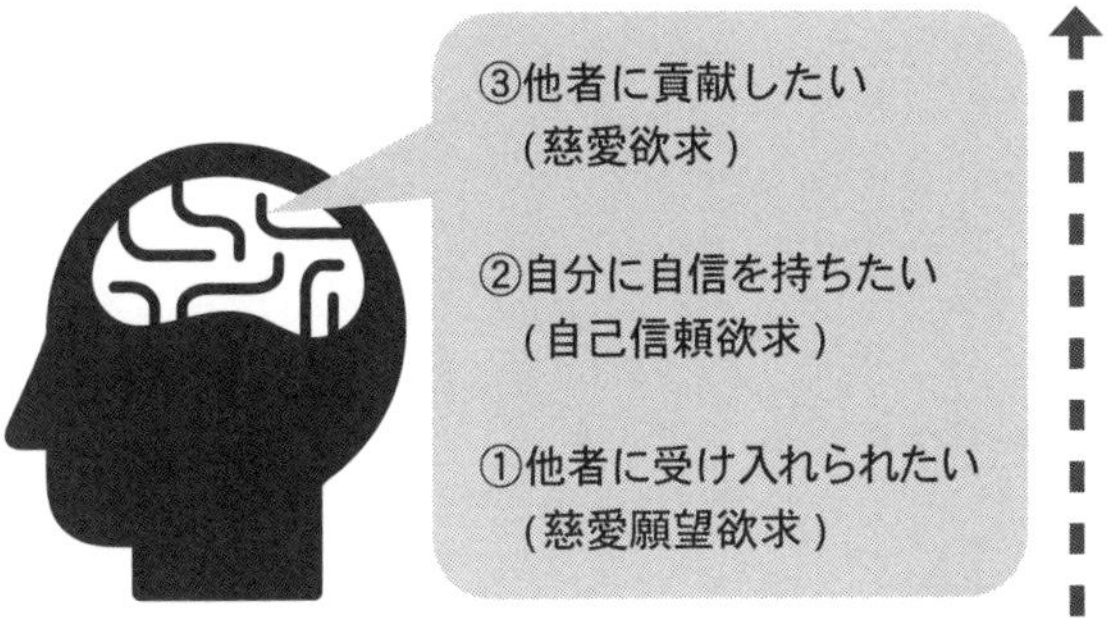

脳は、**この順番**で充足させたい

概念から説明できます。（図21）

この図のように、脳は、「①（何の条件もなく）他者から受け入れられたい」「②自分に自信を持ちたい」「③他者に貢献したい」という3つの欲求をもっています。「結果を出す」には、③他者に貢献したいという欲求の発動が必要です。

大切なのは、**脳は、①→②→③の「順番」で充足を求める**という点です。

この順番に沿って考えると、まずは「①他者から受け入れられたい」という欲求が満たされてはじめて、②自分に自信を持てるようになり、③他者や組織に貢献したいと思える構造になっています。

最近、注目を集めている「心理的安全性（組織の中で自分の考えや気持ちを誰に対してでも安心して発言できる状態のこと）」という概念があります。

Google社が約4年間かけて社内調査した結果、「心理的安全性の高いチームのメンバーは、離職率が低く、他のチームメンバーが発案した多様なアイデアをうまく利用でき、収益性が高く、マネージャーから評価される機会が2倍多い」という結果が出たことから注目をあびている考え方です。

この概念のキモは、**「結果を出すには『人として尊重される環境』が前提として必要である」**という点です。「ソウルの欲求」の考え方からしても、理にかなっていますね。

しかし、「結果を出せないヤツは認めない」という指導アプローチはこの逆のアプローチです。「他者から受け入れられたい」という欲求をいきなり否定することから入ります。過剰にこういった指導を行えば、結果を残させるどころか、酷い場合はメンバーのメンタル不調を引き起こしかねません。会社にとってもメンバー本人にとっても、これは大きな損失です。

【図 22】

ソウルの欲求②

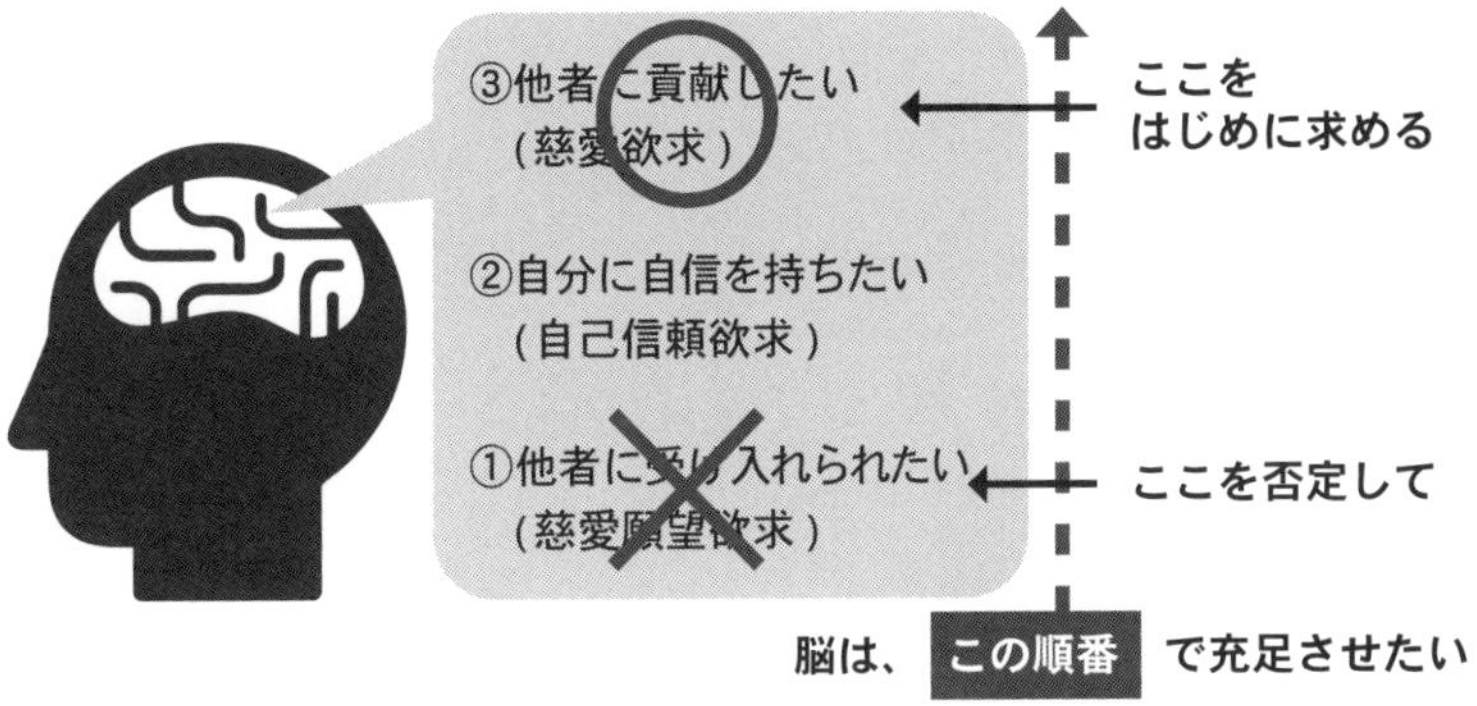

人が命を保つためには、他者とのつながりが絶対に必要です。たとえば、無視されると多くの人が辛さや苦しみを感じます。これは、「他者から受け入れられたい」が否定された状態です。命に関わるものであるがゆえ、非常に強い負のストレスを生じさせるのです。

だからこそ、**まずは相手を人として尊重することが、相手に結果を出してもらううえでは必要な**のです。

結果への強すぎるプレッシャーを与えることが引き起こすリスク

とはいえ「結果を出さないと、人として認めない」スタイルの上司の下で、結果を出す若手も、一定数いるのも事実でしょう。

それでもやはり**このアプローチは良いものとはいえません。**

この状態下での原動力は「やってやるぞ！」というポジティブなものではありません。ここでの動機は**「存在否定されることによる苦しみから一刻も早く解放されたい」という強烈な負の感情**です。この感情は、「どんな手を使ってでも、人に認められてやろう」という価値観を形成するリスクを生じさせ、「他人＝自分の欲求を満たすための道具」という認識を生む可能性を高めます。

この認識を持つと、次のようなことを起こす危険性が高まります。

▼お客様を「自分が評価を受けるための財布」と見るようになり、ウソをついてでも自分の売上を上げようとする

▼結果さえ出せば何をしても良いと考えるようになり、コンプライアンスに違反するような行為に対する判断能力が鈍る
▼自分は「すごいんだ」と他人から思われたいがゆえに、立場の低い後輩をわざと他の人がいる前で無駄に怒鳴る
▼自分の存在を認めてもらえない寂しさ・苦しさを紛らわしたいがゆえに、上司の見ていないところで、「いじめ」を行う

こういった行動は、本人にとっても良くないですし、組織・チームにとってもトラブルの火種になりうるものです。

だからこそ**「結果が全て」ではなく「相手をひとりの人間として尊重することからはじめる」スタンスが大切**なのです。

「期待」を言語化して伝えることの有益性

〔ピグマリオン効果とゴーレム効果〕

相手の成長スピードを速めるためには、相手に対する「期待」を言葉にして伝えることが効果的です。そこで覚えておいていただきたいのが、**ピグマリオン効果**と**ゴーレム効果**いう概念です。

人は「自分は期待をされている」と感じると、意欲が高まり、行動が良い方向に変わります。（**ピグマリオン効果**）

反対に、「自分は期待をされていない」と感じると意欲は下がり、行動が悪い方向に変わります。（**ゴーレム効果**）

言われてみれば当たり前かもしれませんが、改めて取り上げた理由は、上司・先輩が『謙虚さ』を美徳とする価値観」を持っているケースがあるからです。この価値観を持った上司・先輩は、相手に期待を伝えることが少なくなりがちです。

営業先に、先輩が新人を同行させてきた2つのケースから考えてみましょう。

①「最近入社した当社のAです。新人でまだまだ至らない点はあるかもしれませんが、細かいサポートや気遣いは、非常に優れているタイプだと私は思っています。これからは二人体制で担当させて頂きます。これまで以上に細やかなフォローができると思います。よろしくお願いします」

②「最近入社した当社のAです。これからは二人体制で担当させて頂きます。まだまだ新人でご迷惑をおかけするかもしれません。ただ、私がフォローしますので、鍛えてやってください。よろしくお願いします」

「①」の期待言語がある方が、意欲は高まりませんか？　おそらく「②」の先輩に悪気はありません。謙虚さからだと思います。

しかし、謙虚さは大切にしつつも、期待を口に出して伝える方が、育成をするうえでは効果的なこともあります。ただし、「おだてる」と「期待を表す」は別物だということに留意する必要があります。

たとえば、何の根拠もない「当社はじまって以来の大型新人です」とか「彼・彼女は天才なんです」といったメッセージは「おだてる」に該当します。「おだてる」が生み出すものは不信感です。

「期待を表す」とは、「**①相手の適正に合っていること**」と「**②具体的なイメージがつくこと**」の2点を満たすメッセージです。

先にお伝えしたパターンは、この2点が以下のように満たされています。

> 「最近入社した当社のAです。新人でまだまだ至らない点はあるかもしれませんが、細かいサポートや気遣いは、非常に優れているタイプ（＝**①相手の適正に合っている**）だと私は思っています。これからは二人体制で担当しますので、これまで以上に細やかなフォローができる（＝**②具体的なイメージがつく**）と思います。よろしくお願いします」

だからこそ、ピグマリオン効果として機能するのです。

第4章
ジェネレーションギャップを超えて信頼関係をつくるには？

信頼関係づくりからはじめることが必要な理由

〈組織の成功循環モデル〉

育成において、まずすべきことは、相手との「信頼関係」をつくることです。

マサチューセッツ工科大学のダニエル・キム教授が提唱している**成功循環モデル**という考え方があります。（図23）

この理論によると、うまくいっていないチームは図のような「バッドサイクル」を回しています。相手に、まずは「結果」から求めます。しかしうまくいかないと、対立や押し付け、命令が横行し、「関係性」が悪くなります。そうなると、メンバーは考えることを止め「思考」の質が下がります。結果として受け身の姿勢がつくられ、「行動」の質は低下し、「結果」が出なくなります。そしてさらに「関係性」が悪くなり……というネガティブスパイラルに陥るのです。

反対に、うまくいっているチームは「グッドサイクル」を回しています。

まずはお互いを理解・尊重し、一緒に考える「信頼関係」をきちんとつくることから

【図23】　成功循環モデル

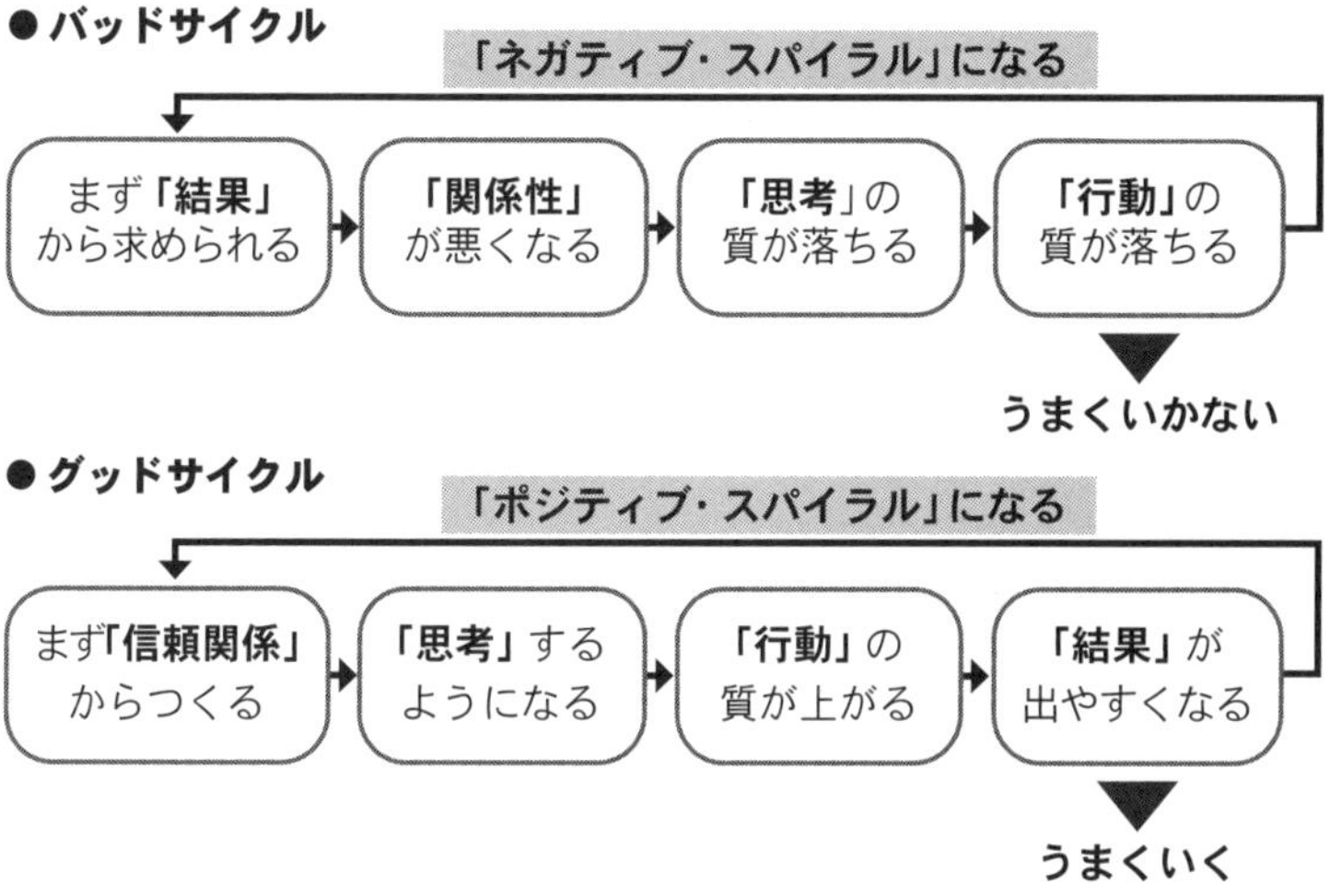
●バッドサイクル
「ネガティブ・スパイラル」になる
まず「結果」から求められる
「関係性」が悪くなる
「思考」の質が落ちる
「行動」の質が落ちる
うまくいかない
●グッドサイクル
「ポジティブ・スパイラル」になる
まず「信頼関係」からつくる
「思考」するようになる
「行動」の質が上がる
「結果」が出やすくなる
うまくいく

はじめます。そうすると、どうすればうまくいくかと自発的に考えるようになり「思考」の質が高まります。その結果「行動」の質も向上し「結果」が出やすくなります。結果、「信頼関係」もさらに高まり……というポジティブスパイラルに入るわけです。

これは、直感的にもイメージできるのではないでしょうか。**評価が高い若手から話を聞くと「辛いこともあるけれど、A課長が上司である限りは、頑張りたいと思っています」といった言葉がよく出てきます。おそらくグッドスパイラルをつくる上司に当たっている**のでしょう。

では、信頼関係をつくるには、どうすればよいのでしょうか？　次節でポイントをお伝えします。

世代を超えたコミュニケーションを促進するポイント４選〔単純接触効果〕

１つ目は、「何を話すか」よりも**「何回話すか」が大切**だという点です。

経営者や管理職の方を対象とした若手育成術研修では「ジェネレーションギャップがあり、若手と何を話せばよいのか分からない」ということを、よく伺います。

お気持ちはよく理解できます。ただ安心してください。米国Gallup社の調査では、次のような結果が出ています。

▼部下のモチベーションは、上司とのコミュニケーションの総量との相関が高い
▼内容よりも、そもそもの絶対量が大切

つまり、大切なのは「回数」です。これは**単純接触効果**という概念からも説明ができます。

「遠くの親戚より近くの他人」という諺《ことわざ》があるように、人は相手と接する機会が多くなるほど親しみを感じる心理的特徴を持っているのです。

回数を増やすうえで効果的なのは、「**①挨拶する ②感謝する ③雑談をする ④仕掛けをする**」の4つです。

コールセンターA社で、メンバーの離職率が低く、チームの売上でも高い成果を上げていたリーダーBさんの実践例に則してコツをお伝えしましょう。

①挨拶する

Bさんは「**自分の方から**」メンバーに対して「おはよう」「お疲れ様」といった挨拶をします。もしかすると、「上司・先輩から」という点に違和感のある方もいらっしゃるかもしれません。

しかし、**上司が考える以上に、上司・先輩に対して壁があり、緊張を感じる若手も多いもの**。ましてや、学生時代に上下関係の規律が明確で、年次が上のOB・OGと接点のある運動部などに所属していた経験のない人にとっては、かなりの壁の高さを感じている場合もあります。だからこそ、Bさんは、自分の方から挨拶をするといいます。**自分から挨拶を繰り返すと、メンバーの方から挨拶をしてくることが増えた**とのこと。

これは理にかなっています。たとえば、地方に住む友人に会いに行き、その友人が、自分の仕事を休みにして、1日、その地域をガイドしてくれたとしましょう。

夕食に入ったレストランで「1日、ガイドしてくれてありがとう。夜ごはん代は、私が出すよ」といった形で、相手に感謝を示そうと思いませんか？　これは、人には、相手から受けた好意などに対し「お返し」をしたいと感じる**返報性の原理**が備わっているためです。

つまり、人にはこういった心理的特性があるがゆえに、**自分が挨拶をしたら、相手も挨拶をし返してくれるようになります。**こうして、コミュニケーション量は増加していきます。

②感謝する

Bさんは、「ありがとう」「助かったよ」といったことを、きちんと言葉にして伝えています。時間にして1～2秒。たった一言プラスするだけの行為です。ただ**「感謝されること」には「身体的に健康になる」「幸福度が増す」「社会的貢献感の向上」という効能がある**ことがポジティブ心理学の統計調査で分かっています。

こういった実感を与えてくれる人に対しては信頼感が高まっていくのも当然ではないでしょうか。

③雑談をする

昔は、「仕事中の雑談はムダ口」という認識がある企業も多かったのではないでしょうか。だから未だに、「仕事中はムダ口などを叩かずに仕事しろ」といった指導スタンスの方もおられるかもしれません。

しかし、プラス株式会社が行った社内調査によると、「83％の人が『雑談』は仕事に効果・効能がある」と感じているとのことです。効能としては**「コミュニケーションが活発になる」「気分転換になる」「社内が明るくなる」「チームワークが向上する」「社内の人と親しくなる」**といったものが挙がっています。

こういったデータからも分かるように、ＴＰＯをわきまえながら、雑談は積極的に取り入れるべきです。

とはいえ、「どう雑談すればよいのか分からない」と仰る方も非常に多くおられます。

まず認識すべきことは「プライベートな友人」になる必要はないという点です。そもそも人はそれぞれ違う関心を持っていますから、全ての部下・後輩と話を合わせようとすること自体に無理があります。

ポイントは、「**ちょっとしたことを話せばよい**」ということ。

たとえば、Bさんの部下Cさんはプロレス観戦が趣味で「新日本プロレス」を応援しています。ただ、Bさん自身はプロレスに興味があるわけではなく、まったく詳しくありません。

しかし、スマホで「新日本プロレス」と検索すれば、情報は簡単に得ることはできます。そこで得た情報をもとに「昨日、タイトルマッチがあって◎◎という選手が勝ったんだってね」といったような「ちょっとしたこと」を話しかけています。そうすれば「そうなんです。◎◎選手が××選手に勝ちました」といったちょっとした会話がなりたちますね。そこまででよいのです。

なぜなら、CさんにとってBさんはあくまで仕事の上司であり「プロレスファン友達」ではないからです。もしそういう友達が欲しければ、今はSNS等を通じて、いくらでも見つけることができます。

つまり、会社の特にプロレスが好きというわけでもない上司と、新日本プロレスについて、深く熱く語り合うことを求めてはいません。（もちろん、双方ともプロレスが好きであれば、深い話をして大丈夫ですが……）

職場での雑談の目的は、あくまでも、コミュニケーションの量を増やすこと。こういった些細なコミュニケーションの積み上げが「自分に関心を持ってくれている」という認識を生み、信頼関係を育《はぐく》むことへとつながるのです。

④仕掛けをする

若手は、上司・先輩に報連相をしづらいと感じることが多いものです。特にテレワーク下では顕著にそれを感じます。

株式会社ラーニングエージェンシーが2021年4月に行った調査によると、「上司に相談できる機会をつくってほしい」という新入社員の割合が過去最高の49・7％。2年前と比べて10％ほどアップしているそうです。

この結果通りのことを、私も現場で感じています。

部下10人の管理職であるBさんは、この「報連相のしづらさ」を解消するため、朝、「報連相可能タイム」をメンバー全員に宣言するという「仕掛け」をしていました。

朝礼の際に次のことを共有します。

「朝9：30～11：00と、16：30以降は、話しかけてOK。それ以外の時間は、席にいる（もしくはテレワークシステムが在席表示になっている）状態でも、申し訳ないけど、話しかけないでほしい」

こういった宣言があると部下は、様子伺いをしなくて良くなり、余計なストレスがかからなくなります。

その「いじり」はハラスメントの可能性あり〔リモートワーク・ハラスメントの防止〕

Bさんの例を通じて、コミュニケーション量を増やす施策を4つお伝えしましたが、全てすぐにできる些細な工夫です。しかし、こういった些細なことがコミュニケーション総量を増やしていくのです。

ただし、留意点もあります。

相手との関係に「線を引く」という点です。たとえば、テレワークにおいて、悪気なく、ちょっとした「いじり」のつもりで、次のようなことを言ってしまうことはないでしょうか。

▼「若いのに、いい部屋に住んでいるな」
▼「ベッドは○○色なんだね」
▼「ゲームと漫画ばっかりじゃないか」

▼「部屋着だと、いつもと雰囲気が違うね」

▼「化粧の手を抜いてないか？」

こういった上司・先輩の「いじり」は、プライベートと仕事をきちんと線引きしたい人にとっては、とても不快に感じる可能性があります。

ハラスメントは、仕掛ける側がどういう考えだったか？ではなく、**相手がどう感じたか？が基準**です。悪気はなかった……とか、愛情表現のつもりだった……というのは、仕掛ける側の都合です。たとえ、こういった意図での会話でも「リモートワーク・ハラスメント」になってしまう可能性も考えられます。これでは信頼関係はつくれません。

もちろん、プライベートの友人との会話の中では、こういった会話もあるでしょう。**しかし、（会社のカルチャーにもよりますが）上司・先輩は友達でも家族でもありません。**この認識に「ズレ」がある上司が非常に多いように私は感じています。

「親しき中にも礼儀あり」

プライベートに踏み込みすぎないという点には注意しましょう。

ポジティブな発言の割合を一定以上にする〔ゴッドマン率〕

2つ目はポジティブな発言や態度を8割以上にするという点です。

あるメーカーの工場で勤務する若手社員の方々は、リーダーAさんに対して、とても不信感を抱いていました。Aさんは口を開けば、会社に対する不満や部長や役員の陰口、仕事やそこにいないメンバーの悪口……といったことばかり言う方なのだそうです。

確かに、こういった**否定的なこと「ばかり」口に出す上司に対して、良い感情は持てない**でしょう。人間関係がうまくいくときのポジティブな発言とネガティブな発言の比率を統計調査した**ゴッドマン率**という公式があります。

この統計によると、**「上司部下の関係においては、コミュニケーションの8割以上をポジティブな内容にすると信頼関係はつくられやすく、それ以下になると、つくられにくくなる」**とのこと。

つまり、発する言葉の2割以上がネガティブである上司・先輩との間に信頼関係をつくろうとは思わないのです。

Aさんは、「口を開けばネガティブな話ばかり」ですから、部下たちとの間に信頼関係が構築されていないのも、当然といえます。

この公式における「ネガティブ」とは、たとえば次のようなものです。

▼非難

例「ちゃんと教えたのにできていないじゃないか」

▼侮辱

例「まあ、○○さんには無理かもしれないけど」

▼自己弁護

例「私はこの仕事だけをやっているわけではありません。きちんとした書類をつくってくれないから、私の時間が取られて、こんなに忙しくなるんです」

▼逃避

例「……（相手を無視）」

こういった発言が多いと信頼関係は育《はぐく》まれません。

とはいえ、「こういった言動は良くない」と分かっていても、ついついこういったコミュニケーションをしてしまいがちです。なぜなら、人には**自己奉仕バイアス**という「うまくいかないときは、他人のせいにしてしまいがち」な脳のクセが備わっているからです。

もちろん、人間ですから、不平不満を持つのも当然です。それを一切口に出さずに、会話の全てをポジティブにするのは、あまりに無理があります。だからネガティブな言葉を出してもよいのです。大切なのは比率です。仕事は、つらいことや不平不満があるのが当然です。

とはいえ、指導するポジションにつく以上は、ポジティブな言葉の比率を高めようとすることは、やはり必要ではないでしょうか。

その指導は「監視」ではなく「手助け」になっているか？〔自己決定理論〕

ここまでは、信頼関係をつくるための「方法論」をお伝えしてきました。しかし、ここでお伝えしたような方法論を活用したとしても、そもそもの「向き合い方」にズレがある場合は、うまく機能せず、信頼関係の構築は難しくなります。

「マイクロマネジメント」という言葉をご存じでしょうか？

一言でいえば、「過干渉な管理」のこと。この言葉は、人の意欲を削ぐネガティブなマネジメント手法の意味で使われます。もちろん育成には「手助け」は必要です。しかし**「過干渉」をしてしまうと相手の意欲をそいでしまいます。**

一方で、**自己決定理論**という人の意欲の高め方を研究した理論があります。

この理論によると、人が意欲を持ち、自発的な行動をとるようになるには次の３つの感覚を満たすことが必要だとしています。

▼自律性↓自分で自分の行動をコントロールできているという感覚
▼有能感↓自分には能力があり、社会の役に立つ存在であるという感覚
▼関係性↓自分は人に恵まれているという感覚

たとえば、あなたが新人だとして「仕事の覚えが悪いから」という理由で、上司の席の隣に座らされたとしましょう。そこで逐一、仕事や行動をチェックされ、外出の際はＧＰＳでいる場所を把握され、一日中ダメ出しをされているとします。

この「過干渉」な職場で、「一日も早く仕事を覚えて、上司の期待に応えよう、もっと自分から考えて行動しよう」と思うでしょうか？　おそらく思わないでしょう。ただただ息苦しいと感じるはずです。

しかしこれも当然です。管理監視され「自律性」が否定されています。かつ、一日中ダメ出しをされるわけですから「有能感」も否定されている状況です。このような指導をする上司に対して「自分は人に恵まれているな（「関係性」）」とは思わないでしょう。

つまり、マイクロマネジメントは、３つを全て否定するマネジメントスタイルなわけです。この**３つの中で特に大切で土台になるのが、１つ目の「自律性」**です。

ちなみに、昨今、テレワークの監視ソフトが話題になっています。ベイラー大学が行った研究では「監視ソフトを使うと、社員の緊張感は高まるが、それと反比例して仕事で得られる充実感は低下し、離職したい気持ちが高まる」という調査結果が出ています。

この理論から考えると、当然の結果といえるのではないでしょうか。

若手の育成に「手助け」は必要です。ただし、それは「監視すること」とは異なります。監視する上司・先輩に対して、信頼関係をつくろうとは思えません。だからこそ向き合う感覚としては**指導するべきところはきちんと指導する、本人に任せる部分は任せ「見守る」**くらいのスタンスが丁度良いのではないでしょうか。

「説得する人」ではなく「解決してくれそうな人」に〔伝書バト型・命令を出すだけ型・自己保身型〕

特に上下関係が明確で、役職上位者に強い発言権があるようなカルチャーの組織における「中間管理職」という役割。現状、この役割を担っている方は、上と下に挟まれて、かなり「しんどい」と感じながら仕事に取り組んでおられる方も多いのではないでしょうか。お気持ちは察します。

ただ、そういったポジションにある方が部下・新人にとってしまいがちなのが「説得型コミュニケーション」です。若手が「あの上司はちょっと……」とネガティブな評価を下す上司のタイプを分析すると、次の３つに分かれます。

伝書バト型

ただ上の意見を、そのまま伝えるだけ。「ポジションが高い人が決めたのだ。私はただそれを伝えるだけの役割だ。もう従うしかないんだから、もうそういうものだと思って、言う通りにしてくれよ」

命令を出すだけ型

「役職が絶対だ。上である自分の言うことは命令と捉えろ」

自己保身型

「下から意見とか言われると、私がそれを上に伝え、それに対してまたギャーギャー言われるから、イヤなんだよ。めんどくさいんだよ。波風を立てて自分の評価が下がるリスクを犯したくないんだよ。だから、余計なことしないでくれよ。頼むよ」（という内面があけすけ）

いかがでしょうか？　この3つに共通しているのは「相手を説得して言いくるめよう」としている点です。

こういったスタンスに立った上司・先輩の下につく若手の大半は「この上司には何を言っても意味がない」とか「この上司には言うだけムダ」といった捉え方になります。このスタンスの上司・先輩との間に信頼関係を構築しようとは、思わないのではないでしょうか。

信頼関係を構築するうえでの土台は、「**解決してくれようとする人**」という認識を相手につくることです。ポイントは**「解決してくれる人」ではなく「解決してくれようとする人」**という点です。

実際に解決できるかどうかは別にして、「解決して『くれようとする』」姿勢があれば、人として自分たちのことを大切にする気持ちを持ってくれているのが分かります。

若手・新人とはいえ相手も大人です。

組織がどういうカルチャーなのかも分かっているでしょうし、自分たちの意見が全て通るとも思っていません。「上司・先輩の立つポジションのしんどさ」も想像できるはずです。だから、この姿勢があれば、その人のことを信頼しようと思うわけです。

しかし、説得型スタンスの上司・先輩に対しては、自分たちのことを大切にしようとする気持ちを感じられません。これでは信頼しようとは思わないでしょう。

私が見てきた信頼関係をつくれている上司・先輩たちの多くは、「相手の不安ごと・困りごとの相談にのるスタンス」で、育成にあたっていました。

若手から出た解決が難しい課題や不平不満を「説得」することを通じて、「それは仕

【図24】

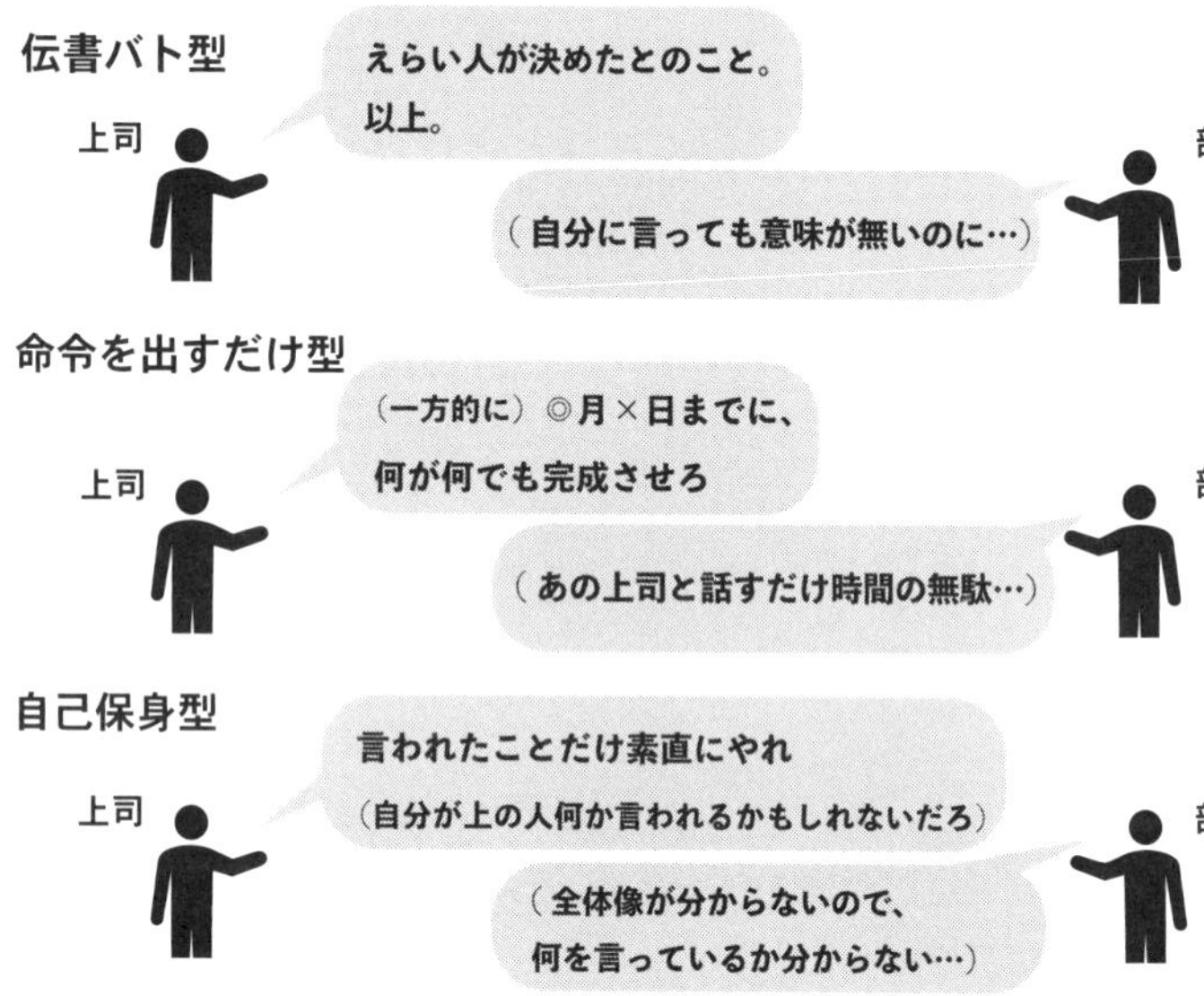
伝書バト型
上司
えらい人が決めたとのこと。
以上。
部下
（自分に言っても意味が無いのに…）
命令を出すだけ型
上司
（一方的に）◎月×日までに、
何が何でも完成させろ
部下
（あの上司と話すだけ時間の無駄…）
自己保身型
上司
言われたことだけ素直にやれ
（自分が上の人何か言われるかもしれないだろ）
部下
（全体像が分からないので、
何を言っているか分からない…）

方がないこと」と思わせるようなことをしていません。**「どうすれば解決に向かうのか？」「何が自分にできるのか？できないのか？」**を明確にする対話をされていました。

若手たちは、その「姿勢」をきちんと見ています。だからこそ、信頼関係が生まれているのです。

第5章
自分のさじ加減に頼らない
相手の能力に合わせた
業務の任せ方

相手のレベルに合わせた業務を選択する〖3つのゾーン〗

仕事を任せるときは、相手に合わせた難易度をきちんと判断する必要があります。その際の判断軸として活用すると効果的なのが**3つのゾーン**という概念です。（図25）

▼**コンフォートゾーン**↓慣れている仕事をこれまで通りのやり方でこなせばよい状態。楽だが、自己成長の観点からは学びが少ないゾーン
▼**ラーニングゾーン**↓コンフォートゾーンから一歩踏み出し、自分の持っているスキルよりも少し高い課題に取り組んでいる状態。自己成長しやすいゾーン
▼**パニックゾーン**↓自分の持っている能力を、はるかに超えたことに取り組んでいる状態。ストレス負荷が過剰にかかるゾーン

つまり、相手にとって**「簡単すぎ」ず、かといって「ハードルが高すぎ」ない、「少し背伸びしたレベル」はどこかを見極めたうえで、仕事を振る必要がある**ということです。ここでの留意点は、34ページでお伝えした**生存バイアス**です。

【図25】

3つのゾーン

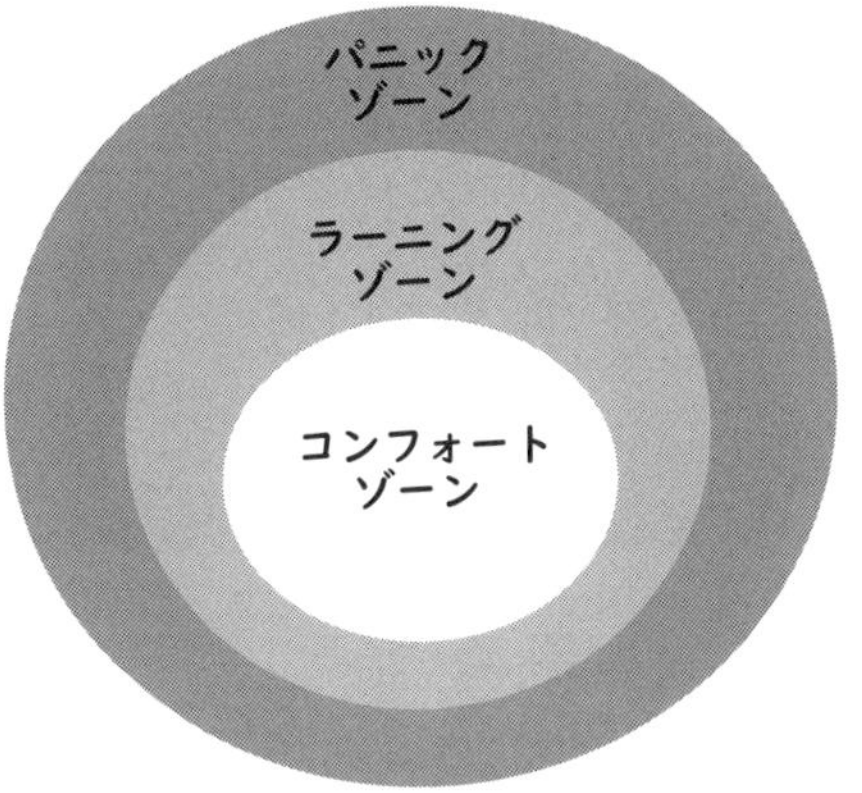

「自分は高いハードルを乗り越えて成長してきた。厳しい環境こそが人を成長させる。自分にできたのだから、できないはずはない。気持ちの問題だ！」

自分自身が能力も意欲も高く、かつ、厳しい現場でサバイブしてきた過去のある上司・先輩ほど、こういった価値観を持ち、**相手の能力への配慮なく「パニックゾーン」の仕事を任せがち**です。もちろん相手が、高すぎるハードルでも「ナニクソ根性」で立ち向かえるタイプの場合は良いでしょう。

しかし、これは万人にとって効果的なアプローチだとはいえません。**自己効力感が高くない人の場合、過剰なストレス負荷がかかり、離職やメンタル不調を引き起こす可能性が高まります。**

相手の能力に合わせることが必要なのです。

チャレンジ精神が低い人にこそ手助けが必要〔ホメオスタシス〕

ラーニングゾーンの仕事に取り組む際は、本人に「背伸び」をしてもらうことが必要です。しかし、背伸びをするには、多かれ少なかれ精神的な負荷がかかります。自己効力感の高い人であれば、この「背伸び」を成長のチャンスと捉え、前向きに取り組もうとするでしょう。しかし、自己効力感が低い場合は二の足を踏んでしまうケースもあります。言い換えると「コンフォートゾーン」に留まろうとするのです。しかしそれは、致し方ない部分があります。人間には、**ホメオスタシス**という「現状を保とうとする本能」が備わっているからです。

自己効力感が低ければ低いほど、この本能が強いパワーを発揮し、「変わる」ことに反発をし、コンフォートゾーンに引き戻そうとします。**「チャレンジ精神がない」とか「なんやかんや言い訳をして逃げようとする」というのは、この「ホメオスタシスによる引き戻し」が要因**です。(図26)

とはいえ、一歩踏み出し、ラーニングゾーンに飛び出してもらわないことには、成長

図 26

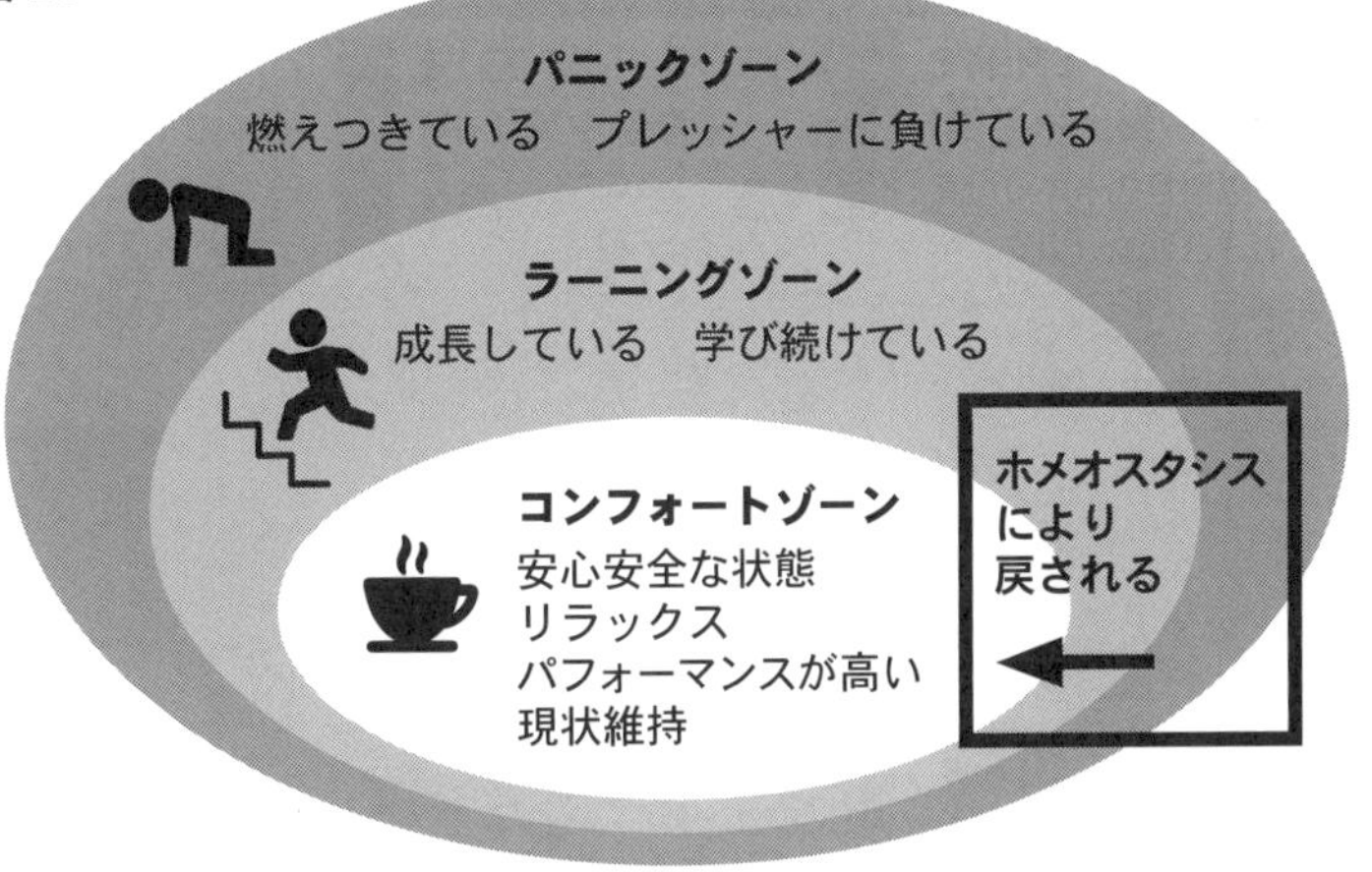

は見込めません。

そのためには「手助け」が必要です。教育学における「学習方略」という概念では、「人が何かをできない理由」として次の3つを挙げています。

①「やり方を分かっていない」
②「やろうとしない」
③「頭で分かっていても、うまくできない」

育成者は、相手の状態に合わせた手助けをする必要があります。

行動レベルに分解して伝える〔課題分析〕

「やり方を分かっていない」状態にある人へのアプローチはどうすればよいのでしょうか。軸におくべきは、27ページでお伝えしたように「できた」という成功体験を積ませることです。この成功体験の積み上げが、自己効力感を高め、主体性（自己調整学習力）を向上させることへとつながります。

この段階の人には応用行動分析学の**課題分析**という「行動を細かく分解して伝えるアプローチ」を行うと効果的です。「新規で商品のお問い合わせ電話が来た際の処理を任せる」という例で考えてみましょう。

よくあるパターンが、「ざっくりとした指示」です。

> 「新規で商品のお問い合わせ電話が来た場合は、名前と連絡先とお問い合わせ内容を聞いて、後は、担当者から連絡させてください。その後に、顧客管理システムに登録してください」

主体性（自己調整学習力）が高い人であれば、これくらいの「ざっくり感」でも、他の先輩たちがどういう形でやっているのか等を自ら調査し、そのやり方を見様見真似で取り入れ、業務を遂行させることができるでしょう。しかし、**主体性が高くない人にとっては、少しハードルが高い**かもしれません。

主体性が高くない人には「何を、具体的にどうしたらよいのか」まで行動レベルに分解し、順を追って伝える方が、効果的です。

①名前、連絡先、お問い合わせ内容を規定の用紙に記載する。
②10分以内に、担当部署に電話連絡を入れ、申し送りをする。（不在の場合は別の人に申し伝え、指示を仰ぐ）
③問い合わせから24時間以内に、担当者から連絡を入れてもらうよう確認する。
④顧客管理システムに、名前、連絡先、問い合わせ内容、担当者を登録する。
⑤完了後、30分以内に、登録した旨を担当者にメールで連絡をする。

はじめは、**ここまで丁寧に伝える方が、「成功体験」を積ませやすい**のではないでしょうか。

「四の五の言わずやってみろ」がNGな理由〔カチッサー効果〕

つぎに、「やろうとしない」状態にある人へのアプローチです。やろうとしない人に与えるべきものは「納得する理由」と「全体像の把握」です。

育て上手とはいえない上司・先輩の下につく若手からよく聞く不満が「なぜそれが必要なのかを言ってくれないまま、四の五の言わずにやれと言われる」というものです。

カチッサー効果といいますが、人は理由が腹落ちしないと主体的に動こうとしません。

「営業部に配属されてきた新卒社員へのテレアポ指示」を例に考えてみましょう。

> 「新規開拓のテレアポをしてください。新人研修のロープレでやった流れに沿って、このリストに1日、最低100件以上電話をかけてください。四の五の言わずにまずやってみましょう。何かあれば声かけてください。夕方5時から振り返りをします」

これでは、納得感は感じられないのではないでしょうか。「四の五の言わずに」では、よく分からないでしょう。「仕方ないからやるか」という取り組み姿勢になる可能性が高まってしまいます。では、こういった指示ではどうでしょう?

「新規開拓のテレアポから任せます。新人研修のロープレでやった流れで、このリストに１日、最低１００件以上電話をかけてください。

営業のプロセスはテレアポからはじめて、～という流れで成り立っています。月の〇〇円の売上目標を達成するためには、見込み客が〇〇社あることが必要です。だいたいテレアポでアポを取れる確率は〇%が目安。そのためには、月に〇〇件の電話をすることが必要になります。それを日で割ると、〇〇件になります。

テレアポはしんどいですが、とても大切な仕事です。私もサポートするので、困ったら声をかけてください。あと、精度の高さも大切なので、夕方５時から振り返りをして、そこでできたところと改善策を練りましょう」

このような背景の説明がある方が、納得して、その業務に取り組めるのではないでしょうか。**特に「はじめてのこと」を任せるときには、「なぜそれをする必要があるのか」が分かる「背景」と「全体像」の説明が必要**です。

全体像を見せることの有益性〔バックワード・チェイニング〕

とはいえ、実体験がない状態の人に言葉だけで理解してもらうのは、なかなか難しい場合もあるでしょう。そこで、育成がうまくいっているA社営業部が新人育成で取り入れている**バックワード・チェイニング**という手法を紹介します。

A社営業職の仕事を説明すると、以下の流れになります。

①顧客のアポ取り
②顧客先での（自社）紹介

③顧客の課題のヒアリング
④顧客への商品の提案
⑤受注
⑥契約の締結
⑦納品
⑧顧客に対する運用のアドバイス

通常は①→⑧の前工程から後工程へという流れで、新人に経験を積ませていく「フォワード・チェイニング」という手法をとることが多いでしょう。

ただ、この手法は商品や運用事例などに関する本人の知識が求められ、それらを蓄積できるまではうまくいかない場合が多く、業務負荷も大きくなりがちです。

強く前向きなメンタルを持ち、自分で工夫できるタイプなら、失敗をバネに這い上がろうとするかもしれません。しかし、そうでないタイプの人には「つらさ」や「失敗体験」ばかり残るリスクがあります。**特に新人に対しては成功体験を積み重ねてもらうことが大切です。**

そこで、A社では、「バックワード・チェイニング」という後工程から前工程へ、つまり⑧→①の順番で経験を積ませる手法を取り入れています。

まず先輩が「⑧運用アドバイス」を既存クライアントへ提供する業務を新人に経験させます。通常は「最後の経験」からスタートし、⑦→⑥→⑤……の順に仕事を任せ、経験を蓄積してもらうのです。

こうすると、「クライアントや自社に貢献できる『自分の仕事の最終イメージ』を持てる」「仕事の全体像をつかみやすい」「事例などのノウハウが蓄積されやすい」「比較的負荷の軽いところから『仕事の達成経験』を積める」といったメリットがあります。

このような順番で経験を積んでいくと、仕事を前向きに捉え、つらいテレアポの精度も上がるのではないでしょうか。

任せる順番を工夫することも、ひとつの手です。

頭で分かっていてもうまくできない人への指導法〔プロンプト・フェイディング法〕

最後に、「頭で分かっていても、うまくできない」人へのアプローチです。

「分かる」と「できる」は別物です。やり方も背景も「分かっている」状態だとしても「できる」とは限りません。「できる」ようになるには、分かっていることを「やって」みて、「フィードバックを受ける」ことを繰り返す必要があります。

そこで大切になるのが「報連相」です。しかし、管理職研修などで「若手が報連相をしかるべきタイミングでしてこない」というお悩みをよく伺います。

なぜ、こういうことが起きるのかというと、報連相をする必要があること自体は「頭」では理解しているものの、「どのタイミングで、どうすれば良いのか」、つまり「どうすればいいいか」を理解していないからではないでしょうか。

この状態にある人に対して「きちんと報連相をするように」といった抽象的な指示を出しても、行動は変わりません。こういったケースでは、応用行動分析学の**プロンプト・フェイディング法**を使うと効果的です。プロンプトは「手がかり」、フェイディングは「減

図 27

どう実践すれば良いのか？を「理解していない」段階の任せ方

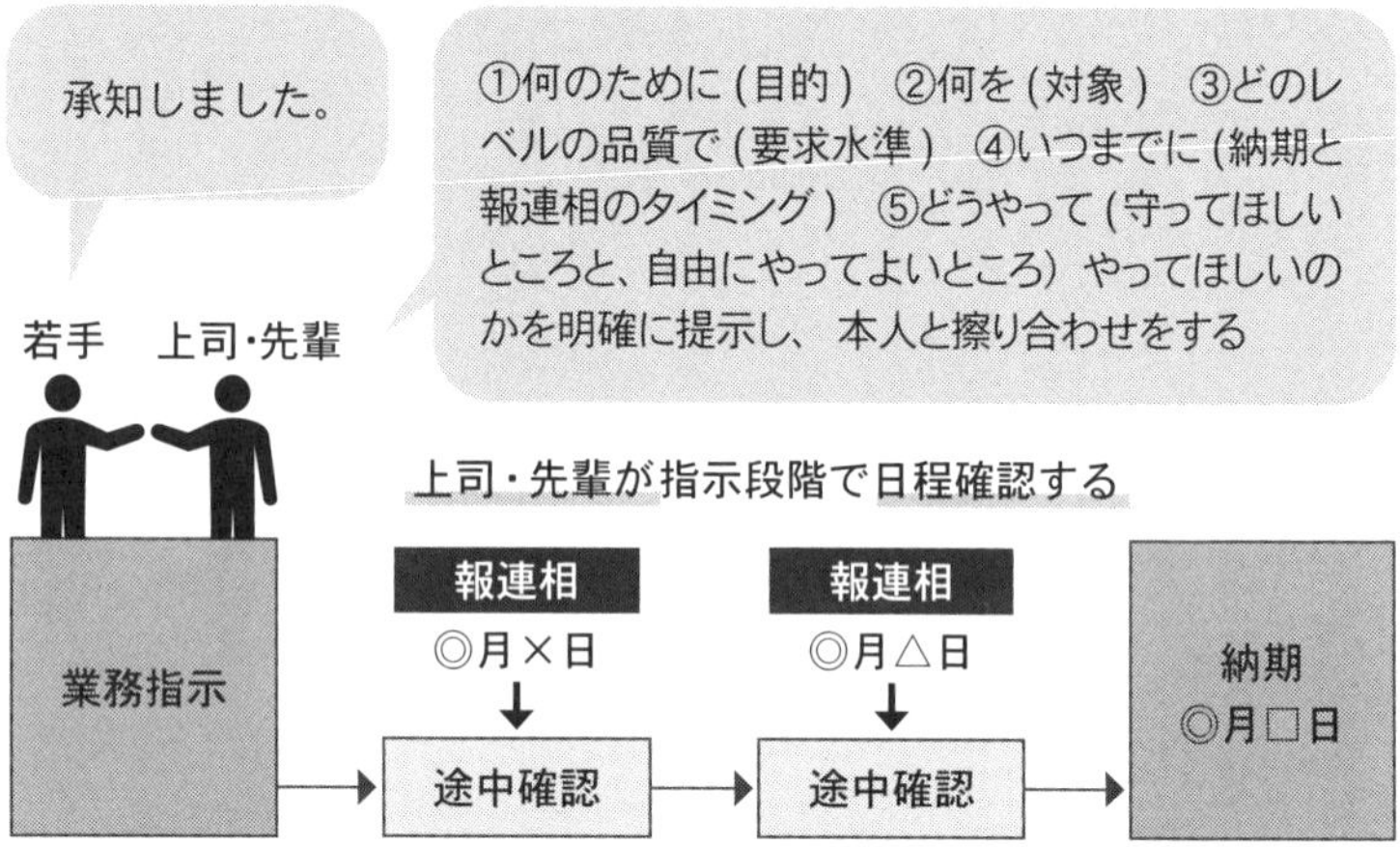

承知しました。
①何のために（目的） ②何を（対象） ③どのレベルの品質で（要求水準） ④いつまでに（納期と報連相のタイミング） ⑤どうやって（守ってほしいところと、自由にやってよいところ）やってほしいのかを明確に提示し、本人と擦り合わせをする
若手
上司・先輩
上司・先輩が指示段階で日程確認する
業務指示
報連相
◎月×日
途中確認
報連相
◎月△日
途中確認
納期
◎月□日

らす」という意味。

「はじめは『手がかり』を渡し、徐々に、その頻度を『減らす』ことで、行動を変化させていこう」というアプローチです。はじめは報連相のタイミングを指示し、徐々に自分で考えさせるようにしていくのです。

例を挙げましょう。はじめは次のような形で、報連相のタイミングまで指示します。

> 上司「◎月◇日の部内営業会議で、商品Zの売り方を討議するために必要な他社競合商品A・B・Cの比較検討情報を、誰でも一目で分かるよう、項目ごとにキ

レイに整理された資料を作成してください。
　段取りとしては、◎月□日までに私に提出してください。フィードバックをする方が良いものがつくれるので、途中、◎月×日と◎月△日の２回、途中経過報告をしてください。
　△△というフォルダーにあるＡさん（先輩）が以前に作った■■という資料があります。その資料と同じ項目で作成してください。つまり、フォーマットは同じで中をＡ・Ｂ・Ｃに入れ替えてつくってください。もし、追加した方が良いと思うものがあれば、自由にアレンジしてください。
　何か不明点や問題点などありますか？」
若手「承知しました。特に不明点や問題点はありません。大丈夫です」

ここまで明確にすれば、報連相をしてくる可能性が高くなるのではないでしょうか。

これを（回数は相手の能力によって変わりますが）繰り返せば、「どう仕事は進めていくものなのか」が理解できますね。

しかし、**このような事細かな指示を延々と続けてしまうと「指示は上司や先輩が全て出してくれるものだ」という「受け身」の姿勢がつくられてしまいます。**

そこで、徐々に「フェイディング：手がかりの頻度を減らすこと」をしていきます。

たとえば以下のような形です。

上司「◎月◇日の部内営業会議で、商品Zの売り方を討議するために必要な他社競合商品A・B・Cの比較検討情報を誰でも一目で分かるよう、項目ごとにキレイに整理された資料を作成してください。段取りとしては、◎月□日までに私に提出してください。これをお願いしたいのですが、どう進めていきましょうか？」

若手「そうですね。まず、何かフォーマットはありますか？」

上司「△△というフォルダーにAさん（先輩）が以前に作った■■という資料があります。

図 28

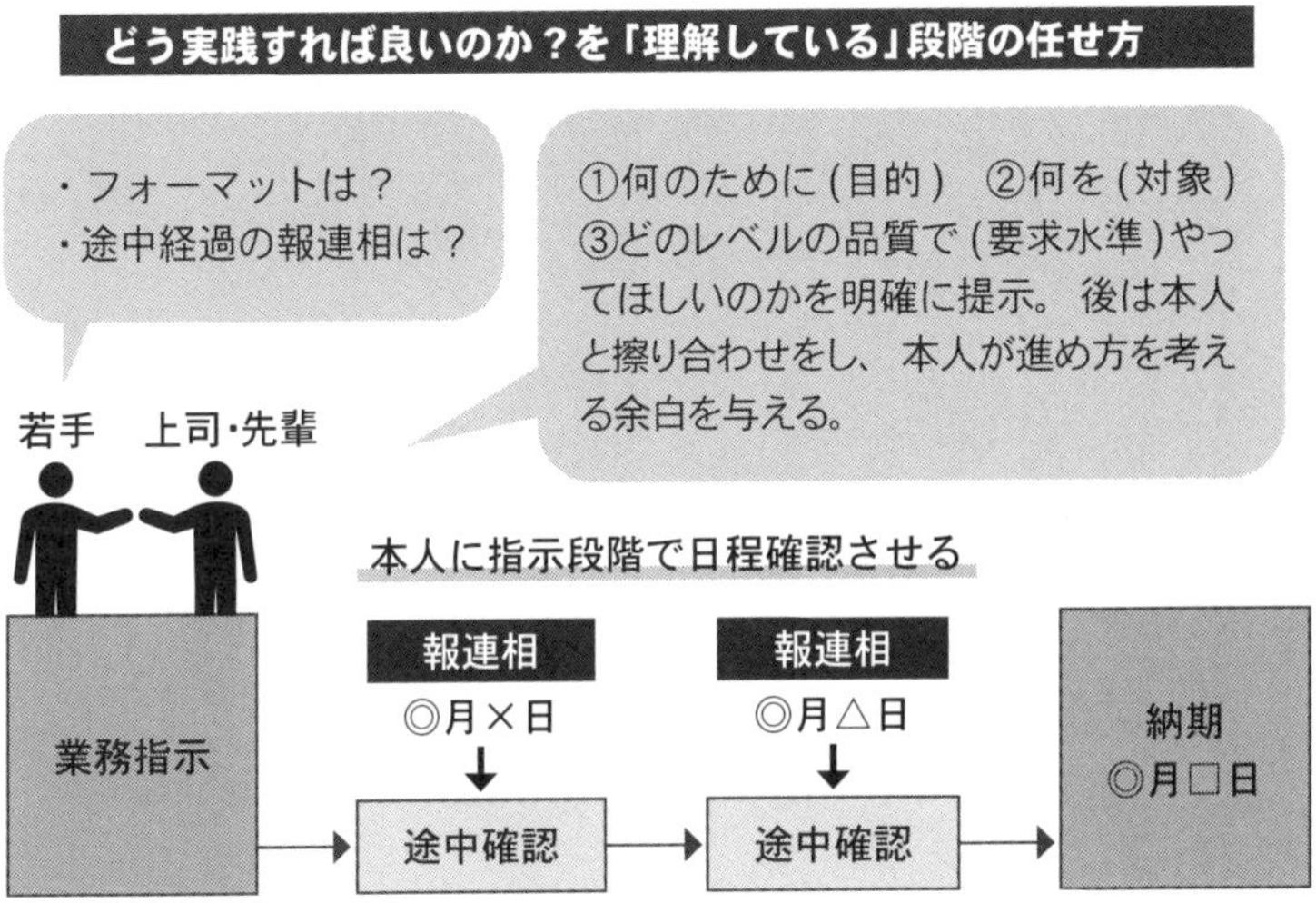
どう実践すれば良いのか？を「理解している」段階の任せ方
・フォーマットは？
・途中経過の報連相は？
①何のために(目的)　②何を(対象)
③どのレベルの品質で(要求水準)やってほしいのかを明確に提示。後は本人と擦り合わせをし、本人が進め方を考える余白を与える。
若手　上司・先輩
本人に指示段階で日程確認させる
業務指示
報連相
◎月×日
途中確認
報連相
◎月△日
途中確認
納期
◎月□日

その資料と同じ項目で作成してください。(守ってほしいやり方)もし、追加した方が良いと思うものがあれば、自由にアレンジしてください。(自由にして良いところ)」

若手「承知しました。もう一点。納期は理解しましたが、途中の経過報告はどうしましょう？　2回くらい入れれば良いでしょうか？」

上司「◎月×日と◎月△日の2回、途中経過を報告してもらえますか。そこでもし、修正すべき点があれば修正を入れましょう」

このような形で、徐々に移行していくのですです。

与える情報を少しずつ減らしていくスタイルであれば、部下に過度なストレスを与えることなく自律を促すことができます。業務を解決するための「手がかり」を効果的に提示していくようにしましょう。

第６章
「イマイチ伝わらない」から脱却する教え方・褒め方

教え方のアプローチは3段階に分けて変えていく〔認知的徒弟制〕

ご自身が新人や若手の頃は「仕事は自分で見て盗め」という育てられ方だった方も、多いのではないでしょうか。**認知的徒弟制**という概念があります。効果的かつ効率的に知識・技能の修得・継承をする方法の研究理論です。この**「見て盗め式指導スタイル」は、この理論から考えると、万人に対して効果的とはいえません。**

もちろん、「この領域で真のプロフェッショナルを目指すんだ！　成長して絶対に独立してやるぞ！」といった「本気さ」を相手が持っているような場合は、うまく機能するかもしれません。しかし、**仕事に対して、とりたてて熱い気持ちがあるわけではなく、主体性も高くない相手に対しては効果的とはいえません。**

「見て盗め」が当たり前だった職人の世界でも「若者の担い手が少ない」という人不足問題に悩まされ、きちんと丁寧に教えるスタイルに変えようとする動きが出てきています。**ガツガツしてないタイプの人たちには、きちんと体系的な伝え方をする必要がある**

図29　**認知的徒弟制**

STEP1
(相手が初級者)
お手本を見せ、ポイントを伝わるように説明する

→

STEP2
(相手が中級者)
実際にやらせてみて、自分で考えながら、お手本通りにできるようにもっていく

→

STEP3
(相手が上級者)
高いレベルの目標設定をし、支援しながらも徐々に本人に任せ、自分はフェイドアウトしていく

のです。

「認知的徒弟制」では、（単純化してシンプルにお伝えすると）図29のような段階を踏むのが効果的とされています。この章ではこれらのポイントを詳しく解説していきます。

STEP 1の例
お手本を見せ、ポイントを伝わるように説明する

例を挙げて考えていきましょう。仮に、あなたが喫茶店のオーナー店長だとして、今日からキッチンのアルバイトとしてAさん（外国人）が働きはじめたとします。祖国では販売されておらず、カルピスがどんなものかを知らないAさんに対して、カルピスの作り方を教えるとしましょう。

どんな風に教えるのが効果的でしょうか？

先に解答例をお伝えすると、次のような形です。

今日はカルピスの作り方を教えます。
カルピスは知っていますか？（知りません）
ではゼロから教えましょう。まずは試しに少し作るので飲んでみましょう。（つくって飲ませてあげる）これがカルピスです。この原液を水で割った日本では有名な飲み物です。私がお手本を見せながら解説します。まずは見ていてください。説明が終わったら、実際にAさんにつくってもらいますからメモを取ってください。

6工程あります。
カルピスは、薄くても濃くても美味しくないので、分量が大切になります。特に分量にしっかりと目を向けてくださいね。難しくないから大丈夫！
準備は良いですか？（はい）
もし分からないことがあれば、途中でも止めて質問してください。

①この棚の一番上にある、この大きさのグラスを出します。
②はじめに氷をグラスの半分まで入れます。

③そのグラスの下から３分の１のところまで、カルピスの原液を注ぎます。
④冷蔵庫からミネラルウォーターを取り出し、グラスの上から３センチのところまで注ぎます。
⑤「マドラー」というかき混ぜ棒をゆっくりと５回転します。
⑥最後に、この赤いストローをグラスに挿します。

これで完成です。

一気に説明しましたが大丈夫ですか？　分からないところはありますか？
（大丈夫です）
では、私は横で見ているので、一度つくってみましょう。

いかがでしょうか？　この解答例には、伝えるのに効果的な心理学的なテクニックが、たくさん含まれています。次節でこれらのテクニックを分解してポイント毎に説明していきましょう。

相手のアウトプットが変わったか否かを見極める〔学習者検証の法則〕

はじめての人に教える際のフォーマットとして効果的なのが**アウト・イン・アウトの法則**に即したアプローチです。図のような流れで行います。（図30）

まず前提です。仮に、ある教員が、授業でAという難解な問題に対する解説を一方的に伝えたとしましょう。しかし、生徒全員がまったく理解できず、問題を解けませんでした。そのことに対して「きちんと教えたのに、理解できないとは何事だ！」と怒りました。

よくあるシーンです。しかし、これは効果的な教え方とはいえません。

そもそも論になりますが、「きちんと教えた」とは、どういう状態のことを言うのでしょうか？

教育学の中に**学習者検証の原則**という概念があります。「教えたと完了形にできるかどうかは、『相手のアウトプットに良い変化が起きたか否か』によって判断される」と

図30

アウト・イン・アウトの法則

①はじめにやらせる・答えさせることで相手の現状を確認する
→アウト
②相手の現状に合わせた情報を提供する
→イン
③最後にやらせる・答えさせることで習熟度を確認する
→アウト

いう考え方です。

この原則に即して考えると**「私は自分なりにきちんと教えたと自負している」といった主観的な自己評価では「教えた」という完了形にはなりません。**

このケースで言えば、**「Aという問題を生徒たちが解けるようになったかどうか」で判断する必要がある**ということです。

このケースの例だと、生徒が、ひとりも解けるようになっていないわけです。教員が「自分はきちんと教えた」と自負しようがしまいが、「きちんと教えた」ことにはなりません。生徒たちが、問題を解けるようになってはじめて「きちんと教えた」という状態だと言えるわけです。

これを仕事にスライドして考えてみましょう。

「上司・先輩である自分がきちんと教えたと自負している

かどうか」ではなく、「相手ができる・分かるようになったか」という視座が必要になります。この視座に立ったアプローチが、**アウト・イン・アウトの法則**です。

相手に最適な情報を伝えるには、まず相手の状況を確認する必要があります。そのため、「①やらせる、もしくは、答えさせる（＝アウト）ことで、相手の現状の理解度・習熟度を確認する」ことからはじめます。

カルピスの例でいえば、次の部分がこれに当たります。

> 今日はカルピスの作り方を教えます。カルピスは知っていますか？（知りません）
> ではゼロから教えましょう。

この例のように、「知らない」という答えが入ってくれば、ゼロから情報を伝える必要があることが判断できます。

相手の「分かりました」という答えを鵜呑みにしない〔アウト・イン・アウトの法則〕

ただ、「知っている」とか「できる」という答えが相手から返ってきた場合は注意が必要です。「実は、あまりよく分かっていない（もしくは、やったことはない）けれど、とりあえず話の流れで『知っている・できる』と言ってしまう」ことが往々にしてあるからです。

そこで「ＹＥＳ」の答えが返ってきた場合は、「どういうものか具体的に説明してみて」「じゃあ、実際に少しやってみて」といった形で、**具体的に答える、もしくは手を動かすことを通じて、本当の理解度を確認**します。その方が、正確な現状把握ができますね。

これを踏まえて、「②相手の状況に合わせた情報を提供する（イン）」ことをします。まったく知らなければ「ゼロから丁寧に」、経験者であれば「ざっくりと」といった形でアレンジをかけます。

大切なのは、その後です。「相手のアウトプットに良い変化が起きたか否かによって検証される」わけですから、到達度合いの確認が必要です。そこで、**最後に必ず「③最**

後にやらせる・答えさせることで習熟度を確認する（アウト）」必要があります。

ここの例でいえば、最後の部分がこれに当たります。

> 一気に説明しましたが、大丈夫ですか？　分からないところはありますか？
> （大丈夫です）
> では、私は横で見ているので、一度つくってみましょう。

ここでも注意点があります。

「大丈夫？　わかった？」「はい。分かりました」といったような「相手のYES」を鵜呑みにしてはいけないという点です。「YES」だけでは、本当に相手のアウトプットが変わったか否かの判断はつけられません。

「わかったなら、具体的に説明してみて」「わかったなら、実際にやってみて」といった形で、「答えさせる・やらせる」必要があります。そして、もし、分かっていない・できていない部分があれば、その部分に対して追加で指導をする必要があります。

相手が知らないことを伝えるには4つの優先順位をつくる

〔なえしこルール〕

私たちは、「自分が知っていること=相手も知っていること」といった勘違いをしてしまいがちです。なぜなら、日本は「ハイコンテクスト文化」な国だからです。

「ハイコンテクスト」とは、コミュニケーションを図るときに、前提となる文脈（言語、価値観、考え方など）が非常に近い状態のこと。こういったカルチャーの中で生きていると、無意識に**「自分が知っていること=相手も知っていること」といった勘違いをしてしまいがち**です。

たとえば、新卒採用の合同説明会の自社紹介の場で、A社の採用担当者が「当社はダイバーシティマネジメントに力を入れて推進しており～云々」といった説明をしていました。

ここで「ダイバーシティマネジメント」とは何なのか?という解説はありません。学生たちが知っている前提で話を進めていました。

しかし、私がA大学（文系）の就活生のクラスで「ダイバーシティマネジメントとは、どういう意味か知っていますか？」というアンケートを取ったところ「知っている」と答えた学生の割合は7％。つまり、93％の人はその言葉の意味を知りませんでした。

この状態で当社のダイバーシティ施策は云々という説明を聞いたところで、いまいちピンときていないはずです。

だから、**伝える内容の理解を促進させるには、冒頭で「その事柄は、相手が知っているかどうか」の確認をする**必要があります。そして、**もし相手が知らないようであれば、「それは、どのようなものか」をきちんと理解させる**必要があります。

相手に説明をする際に効果的なのが、**なえしこルール**です。説明のアプローチは、可能な限り、前から順番に、その手段を講じるのが効果的です。

たとえば、「サンフランシスコに行ったことがない人に対して、このエリアがどういうところなのか？」を理解してもらう必要があったとしましょう。最も効果的な手段は、「生（『な』ま）」で体感してもらう、つまり一緒に現地に行くことですね。

とはいえ、時間もお金もかかりますし、簡単に行くことは難しい現実もあります。

図 31

なえしこルール

相手に何かを説明する際、理解のさせやすさは以下の順番になる。

（な）① 生 → （え）② 映像 → （し）③ 写真 → （こ）④ 言葉のみ

そういった場合の次の手段は「映像（『え』いぞう）」です。動画を見てもらいながら解説するのが効果的ですね。

しかし、それも無理ならば、「写真（『し』ゃしん）」を見せながら解説するやり方が効果的でしょう。

それも難しければ、最後の手段が「言葉（『こ』とば）のみ」という形になります。

説明が得意な方にとっては、おそらく当たり前にやっていることではないでしょうか。しかし説明が得意でない人は、こういった配慮なく、言葉のみで一方的に説明をされている方も散見されるのが実情のように私には感じられます。

相手に何かを伝える際には、伝わりやすい手段を選ぶことも必要になります。この例で言えば、説明に入る前の段階で、次のようなことをしています。

今日はカルピスの作り方を教えます。
カルピスは知っていますか？（知りません）
ではゼロから教えましょう。まずは試しに少し作るので飲んでみましょう。（作って飲ませてあげる）これがカルピスです。この原液を水で割った日本では有名な飲み物です。

まず、「知っているかどうか？」を質問し、「知らない」という答えを確認しています。そこで、はじめに「カルピスはどういうものか」を理解してもらうのですが、そこに現物があるわけです。

「なえしこルール」における優先順位が一番である「生」で体感（カルピスをつくって飲んでもらう）ことが可能ですね。

VAKといいますが、心理カウンセリング手法では、相手に五感を使ってもらうと腹落ちしやすくなります。冒頭でカルピスの完成形を目で見てもらい、匂いや味を感じてもらえば「最終的にどういうものをつくるのか？」という明確なゴールイメージを持たせやすくなります。そうすることで、以後の理解が深まりやすくなるのです。

見本を見せて注視ポイントはどこかを明示する

［先行要因・カラーバス効果］

どんなものかを理解させた後は、まず自分が見本を見せながら、ポイントを解説します。応用行動分析学で先行要因といいますが、**先にお手本があると、言葉だけではなく、視覚情報からも学ぶことができ、イメージがつきやすくなります。**

言葉だけで説明するよりも、新たな行動のレパートリーを身につけやすくなるのです。

この例でいうと、次の部分がこれに当たります。

> 私がお手本を見せながら解説します。まずは見ていてください。説明が終わったら、実際にＡさんにつくってもらいますからメモを取ってください。
>
> ６工程あります。
>
> カルピスは、薄くても濃くても美味しくないので、分量が大切になります。特に分量にしっかりと目を向けて聞いてくださいね。

同時に、「解説において、どこに注視したら良いか」ということをきちんと伝えることも大切です。

カラーバス効果という考え方があります。「あるひとつのことを意識すると、それに関する情報が無意識に自分の手元にたくさん集まるようになる」という心理学の法則です。**注視ポイントが分かると、その部分に対しての情報を吸収しやすくなる**のです。

カルピスの例でいうと次の部分が該当します。

> 私がお手本を見せながら解説します。まずは見ていてください。説明が終わったら、実際にAさんにつくってもらいますからメモを取ってください。
> 6工程あります。
> カルピスは、薄くても濃くても美味しくないので、分量が大切になります。特に分量にしっかりと目を向けて聞いてくださいね。

この一言のおかげで「分量」という大切なポイントに意識が向くようになります。

経験が浅い人に成功体験を積ませやすいアプローチ〔具動客ルール〕

説明の際に大切なのは、相手の経験値に合わせるという点です。特に、経験が浅い人に対しては、120ページでお伝えした課題分析というやり方が有効です。この課題分析の指示を出すときのポイントは**具動客ルール**で伝えることです。

「具」↓いつまでに、何を、どうすればいいかを具体的に伝える
「動」↓動詞で伝える
「客」↓客観的に見て誰もが同じ判断ができるように伝える

特に気をつける部分は**「客」**です。「具・動・客」という3つの基準にあった形であれば、どうすればよいのかが明確で、達成感を感じてもらいやすくなります。

143ページでお伝えしたようなハイコンテクスト文化の中で生きている私たちは、相手と自分が同じ共通認識を持っていると勘違いしがちです。だから、ついつい抽象的

な言葉を使うクセを持っています。たとえば、「なるはや（なるべく早く）」という言葉を使う文化のチームもあるでしょう。しかし、「早く」の定義は人それぞれ異なります。

しかし、「30分以内」なら誰もが同じ基準で判断をすることができます。

この例でいうと、次の部分です。

①この棚の一番上にある、この大きさのグラスを出します。
②はじめに氷を、グラスの半分まで入れます。
③そのグラスの下から3分の1のところまで、カルピスの原液を注ぎます。
④冷蔵庫からミネラルウォーターを取り出し、グラスの上から3センチのところまで注ぎます。
⑤「マドラー」というかき混ぜ棒をゆっくりと5回転します。
⑥最後に、この赤いストローをグラスに挿します。

これで完成です。

このように「半分」とか「3分の1」といったように、「客観的」に判断できるよう

図 32　認知的徒弟制

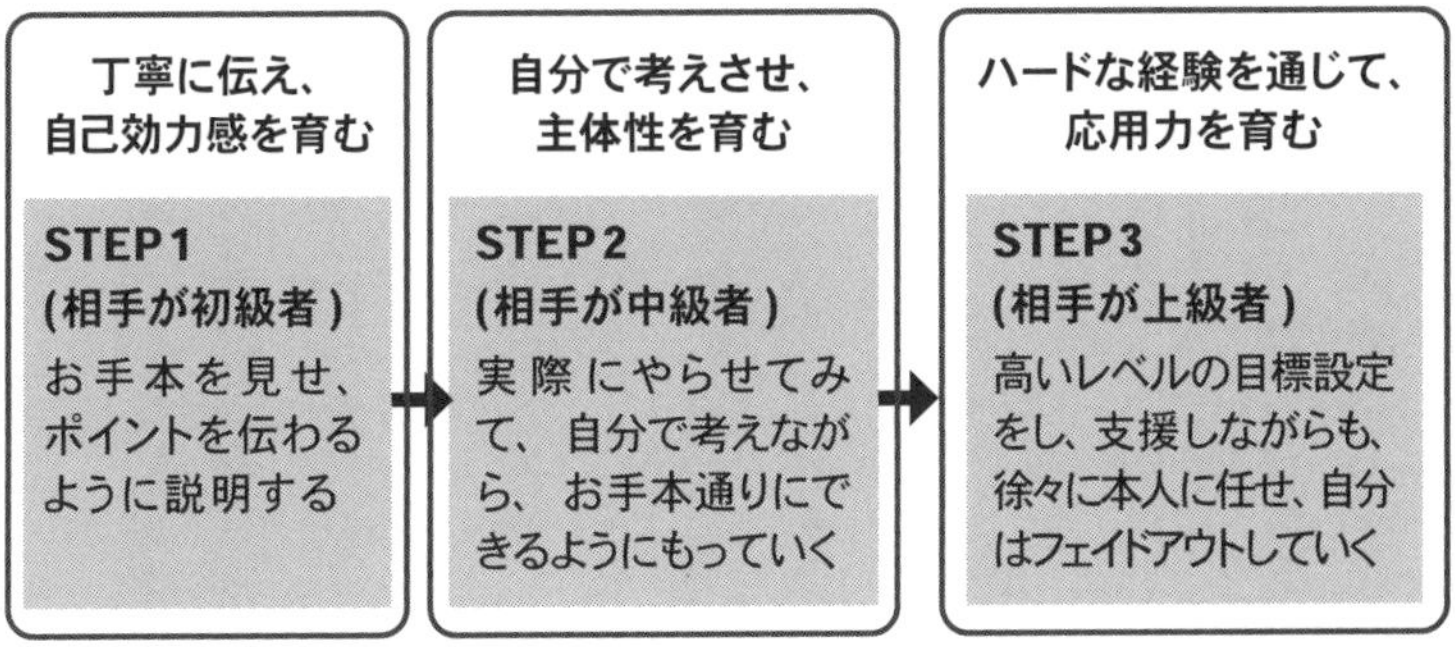
丁寧に伝え、
自己効力感を育む
STEP 1
(相手が初級者)
お手本を見せ、ポイントを伝わるように説明する
自分で考えさせ、
主体性を育む
STEP 2
(相手が中級者)
実際にやらせてみて、自分で考えながら、お手本通りにできるようにもっていく
ハードな経験を通じて、
応用力を育む
STEP 3
(相手が上級者)
高いレベルの目標設定をし、支援しながらも、徐々に本人に任せ、自分はフェイドアウトしていく

な指示の出し方をする方が、相手にとって親切です。

「ここまで丁寧に説明すると、『相手の主体性』が削がれるのではないか？」という質問を受けることがあります。まず、**考え方の土台にすべき点は、相手の自己効力感を高めることであり、そのために必要なのは成功体験を積ませること**です。それには、「**丁寧な説明**」がある方が効果的でしょう。

しかし、「ずっと」こういった丁寧な説明をしてしまうと、ご指摘の通り「上司・先輩が丁寧に説明してくれるから、その通りにやれば良い」といった依存が生まれ、受け身の姿勢が身についてしまいます。そこで、ステップごとにアプローチを変えます。

最初は丁寧に。ある程度できるようになったところで、主体性を育むアプローチに変えていく。時間をかけて自己効力感と主体性を伸ばしていく方法が効果的です。

「一度で必ず覚えろ！」といった気合注入が悪影響でしかない理由〖シンバロ実験〗

教えるときに大切なスタンスは、「緊張感」を与えるのではなく「安心感」を与えることです。よく相手の集中力を高めたいがゆえ、もしくは「気合い」を入れたいがゆえに、「一度で必ず覚えろ！」「一回しか言わないからな！」といったことを伝える方がいます。これは結論から言うと、逆効果です。**集中力も高まりませんし、気合いも入りません。**

シンバロ実験という心理学の実験があります。

実験では次のことが分かっています。

▼プレッシャーを与えるような言葉を添えることは、相手を委縮させることへとつながり、学習効果を下げる
▼安心感を与える言葉を添える方が、学習効果は高くなる

カルピスの例でいうと、「でも、難しくないから大丈夫！」というところに当たります。

相手の理解度を高めるには、「相手の緊張感をほぐす」という配慮が必要になるのです。

「よどみなくうまく説明する力」よりも大切なこと 〖自己ペースの原理〗

何かを教える際には、**相手の理解度を途中途中で確認しながら進める**というのが原則です。管理職研修などでアンケートを取ると、「そもそも人に何かを説明するのが苦手」という自己認識をされている方が、かなり多くいます。苦手意識を持つ方の発言を分析すると「うまく説明する＝よどみなくスラスラと話す」という認識を持たれている方が多いように私は感じています。この認識を持たれている方は、相手の理解度を無視して、自分のペースで一方的に説明をしようとする傾向があります。

しかし、こういったスタイルをとってしまうと、相手が「置いてけぼり」になりがちです。理解できる情報量やペースは人それぞれ異なります。それを無視して、一方的に教える側のペースで話をされても、キャパオーバーになってしまう可能性が高くなるのではないでしょうか。

繰り返しになりますが、育成の土台になるスタンスは「相手本位」です。教育学に**自己ペースの原理**という概念があります。**相手に何かを説明する際は、途中途中で理解度を確認しながら進める方が効果的**だという方法論です。

この例でいうと、次の部分に当たります。

> 準備は良いですか？（はい）
> もし分からないことがあれば、途中でも止めて質問してください。
> 一気に説明してしまいましたが、大丈夫ですか？分からないところはありますか？
> （大丈夫です）

「分からないことがあれば、自分から質問するのが当然」。こういったスタンスは非効果的です。「ここまで大丈夫か？　質問はないか？」を途中途中で、相手に確認しながら進めていくことが必要になるのです。

第７章
振り返りを意味のある時間にするための手法

経験したことを血肉に変えるには？〔経験学習サイクル〕

たとえば、「友人Aさんに対して、悪気なく、◎◎について軽口を叩いてしまい、嫌な気分にさせてしまった。◎◎について話題に挙げるのは、たとえ冗談のつもりでも良くないことが分かった。次からは、言わないようにしよう」こういった経験は、誰もが一度や二度、あるのではないでしょうか。**人は、経験から知識や教訓が導き出されたときにはじめて深い学びが起きます。**この学びを促進するのが「振り返り」です。

教育学者のデイヴィッド・コルブ博士は、経験から知識・教訓を引き出すには**経験学習サイクル**を回すことが効果的であると述べています。

▼**経験する**↓ 具体的な経験をする
▼**内省する**↓ 行動の振り返りをし、フィードバックを受ける
▼**概念化する**↓ 経験を多面的に捉え、教訓を引き出す
▼**実践** ↓ 行動を修正し、挑戦する

図33　**経験学習サイクル**

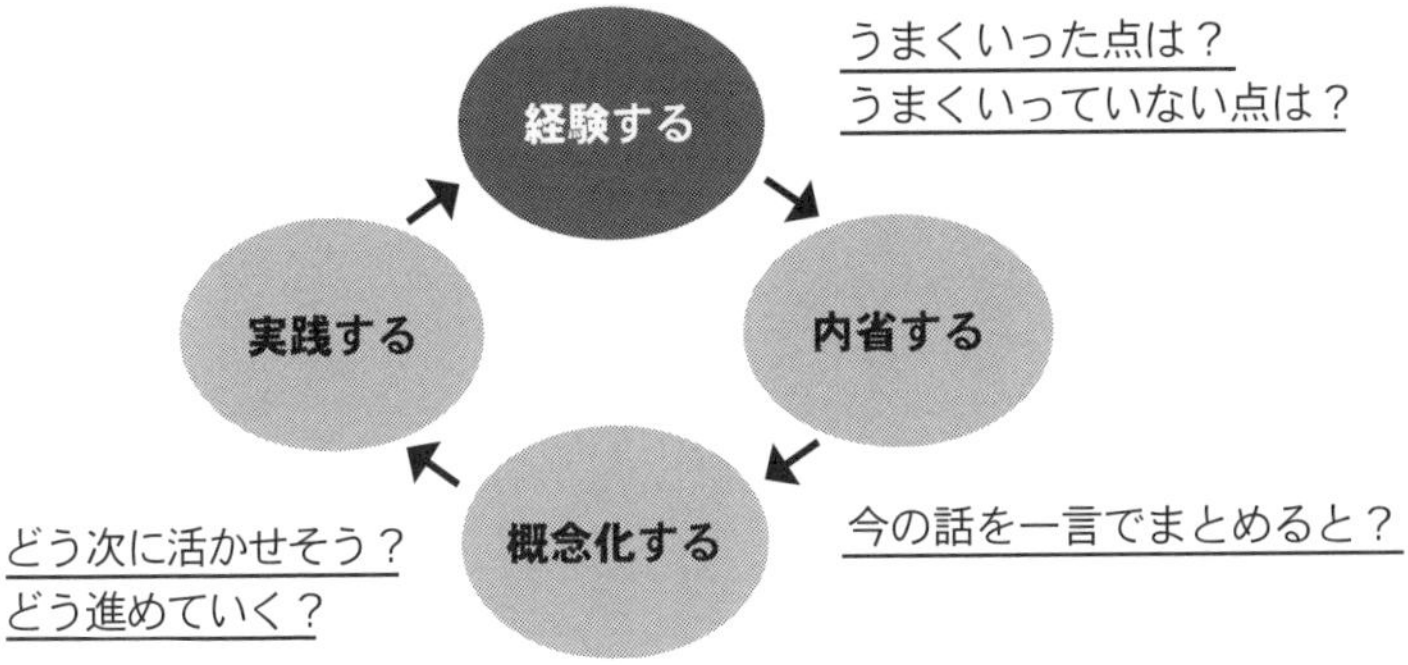
経験する
内省する
概念化する
実践する
うまくいった点は？
うまくいっていない点は？
今の話を一言でまとめると？
どう次に活かせそう？
どう進めていく？

たとえば、本気で日本一を目指している大学の運動部などでは、試合後に、「今日の試合でうまくできていたところはどこか？」「改善すべき点はどこか？」をきちんと振り返る機会を設けています。その振り返りの中で得た学びを、「どう次に活かすか？」「どこを変えていくか？」まで落とし込むことを繰り返して、自分たちをバージョンアップし続けていますね。

経験を血や肉に変えるには、「ただ経験して終わり」ではなく、「きちんと振り返りを行う」方が効果的なわけです。部下・後輩の成長を促進するため、このサイクルをくるくると回してもらう手助けをするのも、上司・先輩の役割です。

では、この章では、その留意事項をお伝えしていきます。

「◎キロのダイエットをする」という目標が失敗に終わる理由〔期待価値理論「期待」〕

まず、「具体的な経験をする」の部分です。**本人にとって意味のある経験を積ませる際に大切なのは、「どんな目標の設定をさせるか」という点**です。しかし、「部下・後輩に、適切な目標設定をしてもらうのが、なかなか難しい。形式だけのものになってしまう」といった声をよく聞きます。

ところで、「目標」といえば、年始に「今年の目標」を立てる方も多いですね。ただ、「達成したためしがない」という方も多いのではないでしょうか。目標が達成できない理由のひとつとして、立てた目標が「◎◎ができたらいいな」という願望にすぎないものになっていた、ということが考えられないでしょうか。

目標は行動の積み重ねで達成できるものですから、「行動を引き出すもの」として機能させる必要があります。そのために効果的な方法は、「到達目標（何を目指すのか）」→「行動目標（何をするのか）」→「今日の実行タスク（今日、どうするのか）」という

図34　目標の3段階

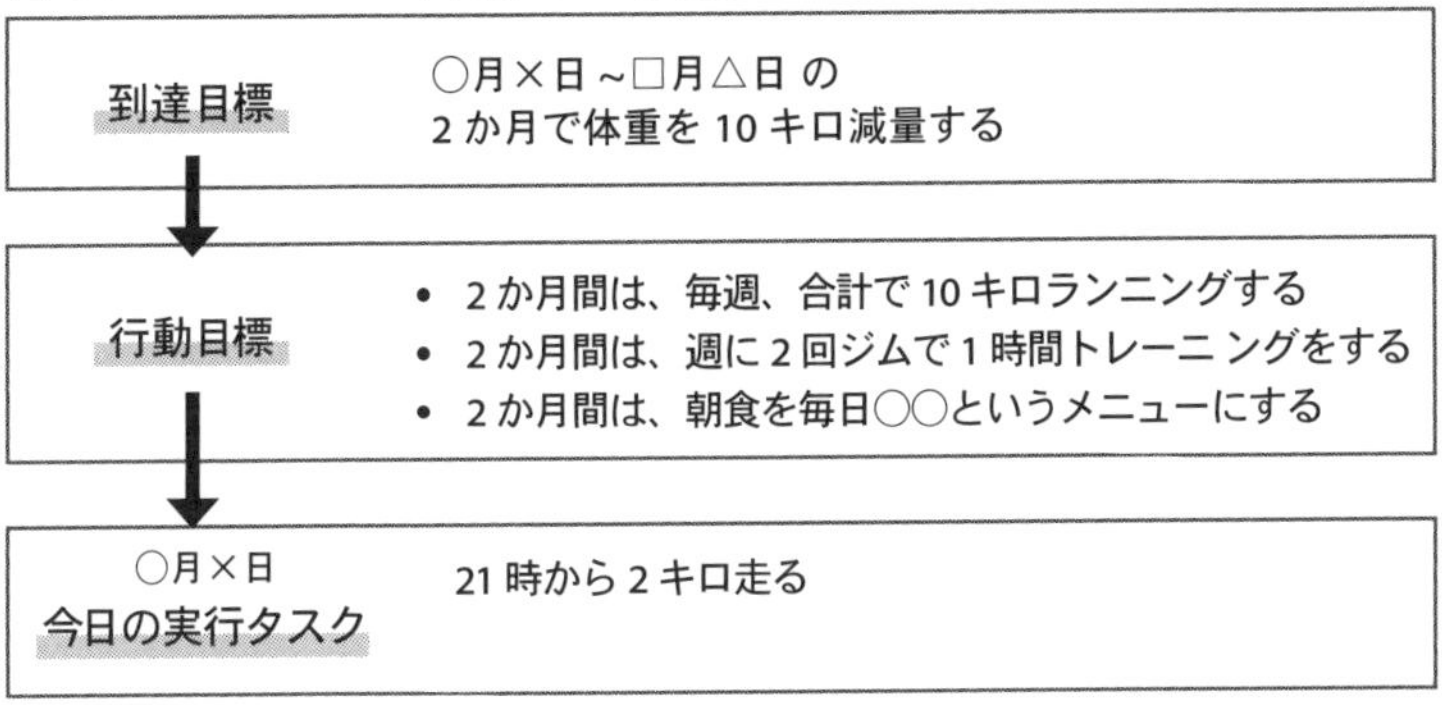

3階層に分けて書くことです。（図34）
たとえば、同じように「10キロ減量する」という目標でも、図のように「そのためにどんな行動をし、今日、具体的に何を実行するか」まで落とし込んで記載すれば、行動を引き出しやすくなるのではないでしょうか。
このフレームを活用していく際に、まず設定するところは、「達成目標」の部分です。ポイントは、**「書き方」「難易度」「意義」**の3つです。一つひとつ掘り下げていきましょう。

まず、**「書き方」**からです。心理学者のエドウィンロック博士は、研究の成果から目標を設定する際には、**「具体的で期限が設定されたものにする」ことが大切だ**と提唱しています。「◎月×日までに、1000万円の売り上げを立てる」といった形です。これはスムーズにできますね。

「これならやり切れる！」と思える仕事量にする
〔達成動機タイプと失敗回避タイプ〕

次に「**難易度**」です。ポイントは、**「目標は高く！」**ではなく、**「これならやり切れる！」と本人が感じるところに置く**必要があるという点です。

J．W．アトキンソン博士が提唱する**期待価値理論**では、目標設定は「これならできそうだ！」と達成の可能性が高いと本人が感じる難易度であることが大切だ、と述べています。ポイントは、「**本人が**」という点です。

ここで知っておくと役立つのが、人は**達成動機型タイプ**と**失敗回避型タイプ**に大きく分かれるという点です。

前者は前向きなタイプで、「成功して誇りを得ることを大切にしたい」という傾向が強い人のこと。このパターンの人は「『この目標は50％の確率でクリアできそうだ』と本人が感じるところに目標を設定すること」が効果的であることが分かっています。つまり、**ある程度の背伸びが求められる難易度に設定する**と、有効に機能します。

一方、後者は後ろ向きなタイプで「恥をかくのがイヤだから失敗だけはしたくない」という傾向が強い人のこと。このパターンの人は、「『この目標は100％の確率でクリアできそうだ』と本人が感じるところに目標を設定すること」が効果的です。**比較的ハードルが低いところから徐々にハードルを上げていく育成スタイルが求められる**のです。

この見極めをせず、ただただ高い目標を強要すると「強烈なストレス」を相手に与え、早期離職やメンタル不調を促進する可能性が高まります。

若手の高い離職率が問題になっていた、ある不動産販売企業の若手の営業社員たちにインタビューしたところ、多くの上司が以下のように目標を設定していました。

▼支店長が無茶なレベルの目標を強制する
▼高い営業目標を一方的に割り振る

これでは、離職者が増えるものも当然でしょう。色々な事情があると思いますが「相手に合わせる」が原則になります。

「会社にとって」だけでなく「あなたにとって」も加える

〔期待価値理論の「価値」〕

最後に「**意義**」です。先に紹介した期待価値理論では、適切な難易度設定に加え、「これをやることは自分にとって価値がある」という実感を与えることが必要だ、とも定義しています。ポイントは**「会社にとって」に「あなたにとって」という部分を加える**点です。

たとえば、次の2つを上司から言われたとしましょう。

▼チームの売上目標の達成のために、頑張って目標達成しよう
▼チームの売上目標の達成のために、頑張って目標達成しよう。それが「あなた個人の将来のキャリア」にとっても「〜という価値」を生むのだから

後者の方が、意欲が湧きませんか？

先に紹介した不動産販売企業では、こんな声もありました。

割り振られた目標は「気合いでやれ」「四の五の言わずやれ」「『やります』以外の返答は認めない」と言われる（脅される）

これでは、仕事に対して何の価値も感じられないでしょう。仕事が苦痛にしかならず、離職率が高くなるのも当然です。

部下・後輩の目標設定をする際は、「書き方」「難易度」「意義」の３つの観点に配慮し、本人にフィットしたものを作る必要があるのです。

ここから逆算して、この達成目標に到達するには、何をしたらよくて、（行動目標）→今日はどうするのか（今日の実行タスク）にまで書き込んでいくわけですが、ここも考え方としては、同じです。

振り返りの前提は建設的であること〔ペンドルトンルール〕

経験を踏まえて、経験学習サイクルでいう、振り返り（内省→概念化→実践）へと移行します。

部下・後輩の離職率が高い上司・先輩が行う振り返りの傾向として、

▼相手に対してひたすらダメ出しや叱責をする
▼相手に対して一方的にアドバイスをする

といった「指導」をしてしまうことが挙げられます。

しかし、これでは意欲は高まりません。部下・後輩の自己効力感を高めるには、「良いところを指摘すること」が必要です。つまり、**前提となるスタンスは「ダメ出し」ではなく「良い出し」**。「反省の場」ではなく「建設的な場」にする必要があります。良い点・うまくできた点を見つけて指摘し、経験を学びに変えさせ、前向きに次に活かして

図35　ペンドルトンルール

	上司・先輩	部下・後輩
1：確認	何について話す？ →	○○について話します。
2：良かった点	良かった点やうまくいった点は？ →	××という点です。（上司・先輩が褒める）
3：改善点	もっとこうしたら良かったという点は？ →	△△という点です。（上司・先輩が必要に応じて補足する）
4：行動計画	何を学び、何を今後変えていく？ →	▼▼を学び、□□を今後変えていきたいです。
5：おさらい	内容の振り返り →	確認する

もらえるようなアプローチを行うことが大切です。

　このアプローチを行ううえで効果的なフレームが、心理学者ペンドルトンが開発した**ペンドルトンルール**です。図35のように1→5の流れで行います。

　ポイントは、コーチング的なアプローチをとること。つまり、本人の口から話をさせることです。

　次にこのフレームを活用する際のポイントを掘り下げていきましょう。

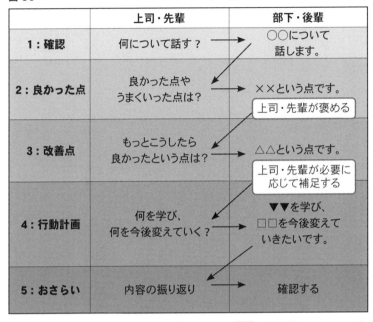

まずい褒め方はむしろ相手の意欲を削ぐ理由
〔褒め方の3点ルール〕

まず「褒め方」です。私は、**褒め方の3点ルール**と呼んでいますが、大切なことは**「結果・プロセス・存在」の3つに目を向けた褒め方をすること**です。

仕事に困難はつきものです。心理学者アドラーは「相手に困難を克服する活力を与えることが大切だ」と述べています。つまり、**「褒める」という行為は、困難を克服する活力へとつながる必要があります**。ここで考えてみましょう。

たとえば、あなたが自分なりに一生懸命、学業に取り組んでいる中学生だとして、

①テストで90点以上を取れたときは、「よく頑張ったね」と褒めてくれるが、その点数以下のときには猛烈に怒るという親

②テストで良い点数を取れたときには、ともに喜んでくれる。思い通りの点数は取れなかったときでも「結果は良い点ではなかったかもしれないね。けど、いつも夜遅くまで頑張っていたね。私はその姿を見て、本当にわが子ながら、その姿勢が素晴らしい

と思ったよ」と言ってくれる親

どちらの親に対して「困難を克服する活力」をもらっていると感じるでしょうか？
「②」ではありませんか？

「①」は結果にのみ焦点を当てています。結果を出したときにしか褒めないということは、「上の立場の私が自分の関心・基準で設定した『条件』をクリアできたかどうか」が判断軸として存在しています。つまり、「その条件をクリアできる人には価値があるが、できない人には、価値がない」ということになります。ここには、「あなたという人間そのものは尊重しません」という裏メッセージが潜んでいます。

「困難を克服する活力」は「自分は周囲の人から、ひとりの人間として尊重されている」という認識を持つことが土台です。こういったスタンスで接してくる上司・先輩に対して、この認識は持てないのではないでしょうか。

一方で、「②」は「結果」だけでなく、「プロセス」と「存在」にも焦点を当てています。例え、今回は結果が出なかったとしても、相手の頑張りや、存在にも目を向けた「良い出し」は、同じ目線から相手を人間として尊重しているメッセージになります。これな

図 36

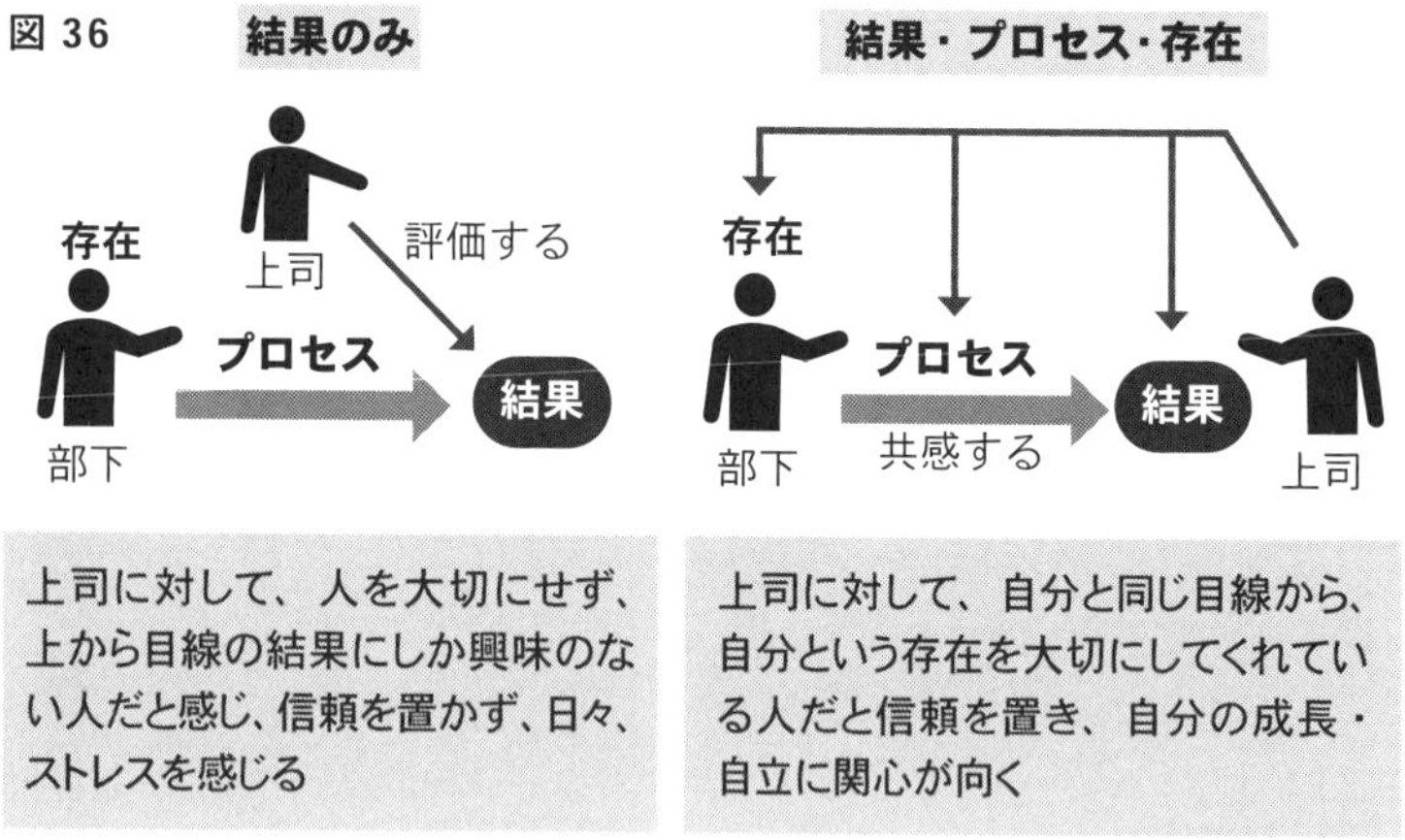
結果のみ
存在
上司
評価する
プロセス
結果
部下
上司に対して、人を大切にせず、上から目線の結果にしか興味のない人だと感じ、信頼を置かず、日々、ストレスを感じる
結果・プロセス・存在
存在
プロセス
結果
部下
共感する
上司
上司に対して、自分と同じ目線から、自分という存在を大切にしてくれている人だと信頼を置き、自分の成長・自立に関心が向く

ら、**「自分は周囲の人から、ひとりの人間として尊重されている」という認識を与え、「困難を克服する活力」へとつながりますね。**これを仕事に置き換えてみましょう。

たとえば、あるOA商社営業部のA課長は、部下たちからの評判があまり芳《かんば》しくない方でした。Aさんは、部下に対して、「結果（売上目標の達成）が出せたときは、よくやったと褒めるが、出せなかったときは、徹底的につるし上げる人」でした。部下たちは「A課長は、上から目線で、結果にしか興味がない、人を大切にしない人」という捉え方をしていました。

結果、生まれたものは、「仕事＝課長に怒られないための作業」という認識です。これではパフォーマンスは高まりません。A課長は、褒めること自体はしていますが、**結果にしか焦点を当てていないため、うまく機能していないない**のです。

一方で、同じ会社の営業部の別の課を率いるB課長は、部下からの信頼が厚い方でした。B課長は、「結果が出せたときは一緒に喜ぶ」。結果が出せなかったときも、「今月は売上数字が目標に達しなかったね。そこはきちんと改善しよう。ただ、今月は、新規開拓の電話を、400本もかけたのか（プロセス）。私はすごくガッツがある人だなと思ったよ（存在）」こういった褒め方をしたうえで改善策に入る方でした。

部下たちは「B課長は、同じ目線で、きちんと向き合ってくれ、人を大切にする人。B課長の下でなら、頑張ろうと思える」という捉え方をしていました。これは、B課長が、**結果・プロセス・存在に目を向けているがゆえに、きちんと「困難を克服する活力」へとつながっています。**

ちなみに写真は、ある小学校の1年生クラスに掲示されているポスターです。きちんとプロセスや存在にも焦点が当たっています。素晴らしいですね！

写真2

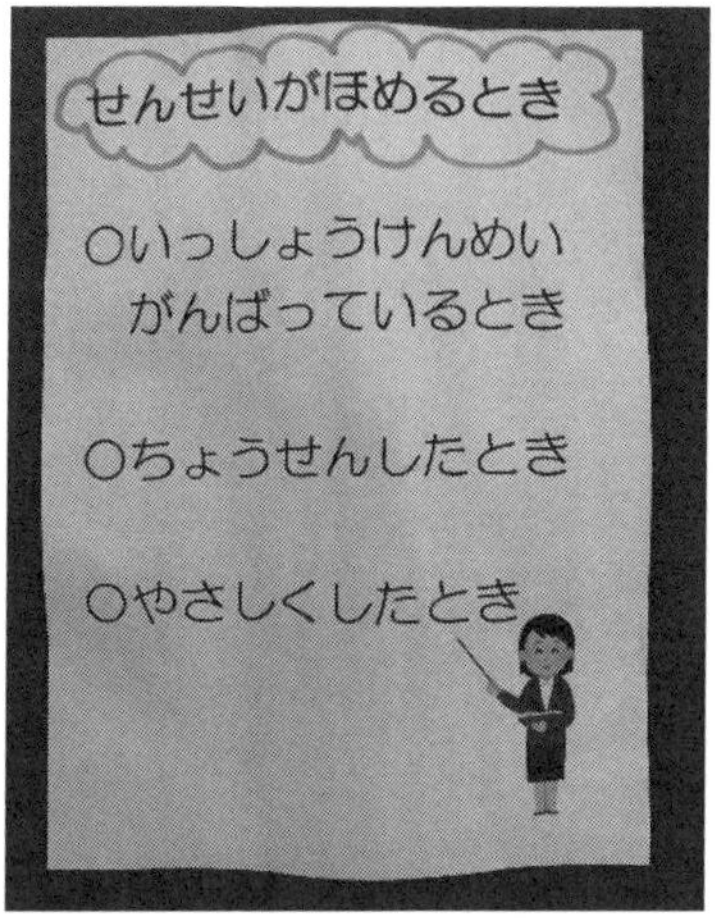

普通に褒めるよりも効果的な裏技〔ウインザー効果〕

褒めるアプローチとしては、**「他者の声を使う」という方法も効果的**です。たとえば、あなたが上司から「A社（取引先）のBさんが、メールのレスが早くて助かると◎◎さん（あなた）のことを褒めていたよ」「この間の打ち合わせ。C部長が、◎◎さんは多面的な側面から考えようとしていて、その姿勢がとても良いねと言っていたよ」こういったことを言われたら、素直に嬉しいのではないでしょうか？　それどころか、むしろ、直接、上司に言われるよりも嬉しいと感じませんか？

この、「第三者がこう褒めていた」と伝えられると、直接褒められるよりも嬉しさが増すことを**ウインザー効果**といいます。

時折、このアプローチを使うことも有効です。ただし**絶対にやってはいけないこと**があります。それは「第三者が、裏でこう否定していた」という、いわば「**陰口のつげ口**」をしてしまうアプローチです。

「A社（取引先）のBさんが、メールのレスが遅くて困ると◎◎さん（あなた）のことを裏で愚痴っていたよ」「この間の打ち合わせ。あの後、C部長が、◎◎さんは考えが浅くて困ると、皆に言っていたよ」と言われたら、悪い意味で強烈なインパクトを与えられませんか？

パワフルな方法だからこそ、「褒める」際にのみ使う必要があるのです。

あるカリスマ店長の言葉遣いが丁寧な理由

次に、「改善点」の振り返り方についてです。人間ですから、うまくいくこともあれば、うまくいかないこともあります。もちろんうまくいったことから「教訓」を得ることも大切ですが、うまくいかなかったことからの「教訓」もとても大切です。だからこそ、「**建設的**」に行う必要があります。

しかし、改善点は、「失敗したこと」や「うまくいかなかったこと」など、本人がネガティブな感情を抱いている可能性が高いことを扱います。特に「イマドキのガツガツしていない若手」は、過度にデリケートに感じる傾向が強いように思います。つまり、**実施の仕方に工夫をしないと、相手が萎縮して「貝」になってしまう可能性が高い**のです。これでは建設的な振り返りにはなりません。

改善の振り返りをうまく行っている上司・先輩のやり方を分析すると2つの共通項があることに気づきます。**マイルドな言葉遣い**、**フィードフォワード**の2点です。

まず、「マイルドな言葉遣い」から掘り下げていきましょう。

ある外食チェーンA社で「カリスマ店長」と評されるBさんが任される店舗では、少しでも「社員の当たりが厳しい」と感じると、特に高校生アルバイトや主婦パートの方々が、すぐに辞めてしまう現実があるとのこと。以前の店長は、言葉がきつい人だったそうですが、Bさんのの時代は、アルバイト・パートスタッフの離職率の高さと人間関係の悪さ（＝店長に対する不満）が問題になっていました。

しかし、言葉の一つひとつを丁寧に、きちんと敬意を払ってくれるA店長に変わってからは、離職も減り、相手も真剣に向き合ってくれるようになったそうです。これは当然の結果です。

「敬意ある態度で接してくれている上司の部下」は、そうでない上司の部下よりも
・仕事によく集中でき、すべきことの優先順位づけもうまくできている…92％
・仕事に熱心に取り組んでいる…55％

「他人の尊厳を認め礼儀正しい接し方をする上司」は、そうでない上司と比較して
・リーダーとしてふさわしいと評価される…2倍
・業績…13％高い

参照：Think CIVILITY「礼儀正しさ」こそ最強の生存戦略である（東洋経済）より

データでも、**「部下に敬意を払う接し方をすることは、生産性の向上に大きく寄与する」**ことが証明されています。

「改善点」を「こうすればもっと良くなる」という言葉に意図的に言い換える。具体的なミスを起こした人に関しては、「ミスを起こすのは誰しもあることだから、あなた自身を責めることはしない。ただ、次から起こさないようにする改善策は必要だから、そこを一緒に考えよう」とクッション言葉を入れる。こういった**小さな配慮が、信頼関係を育み、相手の言葉を引き出しやすくし、さらには業績の向上にも寄与す**るのです。

できなかった理由を掘り下げない建設的な振り返りアプローチ〔フィードフォワード〕

次に**フィードフォワード**です。振り返りは、**必ずその課題を「次に活かせる行動」に着地させる必要があります。** しかし、特にうまくいかなかったことを振り返る際に、相手が「打たれ弱いタイプ」の場合、「すみません、すみません」とひたすら謝罪になってしまいうまく機能しない場合が考えられます。

振り返りの際に一般的に行うのは「フィードバック」という手法ではないでしょうか。フィードバックは、「過去」に焦点を当てることが特徴です。話の構成としては、「◎◎の仕事がうまくいかない結果に終わった。うまくいかなかった理由を考えると△△に課題があった。これを××という形で軌道修正しよう」といった形になります。

このアプローチは、効果的ではあるものの、失敗に焦点を当てることになるため、(自己肯定感が低い人の場合は特に) 相手が萎縮してしまい、次の例のようになってしまう可能性が考えられます。

上司「なぜ、キミはミスをしたんだ？」
部下「私の不注意です」
上司「なぜ、不注意だったんだ？」
部下「私の気が緩んでいたからです。すみません」

つまり、「反省に着地」してしまう傾向が強いのです。この流れでは、**相手は「詰められた」という実感しか持てず、本人の成長につながらなくなってしまいます。それどころかストレスを与えてしまうだけで終わる可能性も考えられます。**

これに対して、「フィードフォワード」は、過去ではなく、未来と解決策に焦点を当てます。たとえば、ある企業の営業部のリーダーであるAさんは、部下である新人Bさんが、お客様に送った請求書にミスがあった際に、このような振り返りの仕方をしていました。

上司A「今後、今回のC社に対して起きた、請求書の記載間違いのような数字の記載ミスをなくすためには、具体的に、どのような対策を取ればよいでしょうか。行動ベースで、どんどんアイデアを出してください」
部下B「送信する前に、確認チェックをするためのチェックシートをつくるといいと思います」「次回以降は、他のメンバーに最終チェックをしてもらってから送信するという案もあります」

こういった形で解決策のアイデアがいくつも出てきます。

このように、「フィードフォワード」は、「今後どうするか？」という点のみを掘り下げます。過去に触れません。**自分のミスに触れられないので、本人（部下Bさん）が萎縮することなく、色々とアイデアが出てきます。**

こういったアプローチであれば、振り返りの場が、前向きなものになりやすく、本人にとっても建設的な時間になるのではないでしょうか。

もちろん「フィードバック」と「フィードフォワード」の、どちらの方が優れているということはありません。両方とも効果的なものです。**ただ「打たれ弱い若手」への振**

り返りの際にお勧めなのは「フィードフォワード↓フィードバック」という順番で行う方法です。

上司Aさんも、このアイデア出し（＝フィードフォワード）をした後で、「なぜ、そのアイデアが有効だと思うのか？」を、過去に焦点を当てる（＝フィードバック）形で掘り下げていました。

こういったアプローチであれば、建設的な場になりやすいのではないでしょうか。

チャレンジ精神を育むには失敗が賞賛されるカルチャーづくりを
〔生産的失敗法〕

人はチャレンジし、失敗することからも深い学びを得ます。教育学の概念で**生産的失敗法**という考え方があります。「よく分からなくて、うまくいかないこともあったけれど、とりあえずやってみた」という経験をした後で、色々と**教わりながら経験を積むと人は成長しやすい**という理論です。

たとえば、あなたがお菓子作りのまったくの未経験者だとして、ケーキをうまく焼きたいとしましょう。

①まったく未経験の状態で料理教室に行き、1~10まで先生に言われた通りにする
②まずは一度、自分なりにネットで調べ、どんなものか家でやってみる。いまいちうまく完成しなかったが、その経験をしたうえで料理教室に行き、先生から丁寧に学ぶ

同じ料理教室の体験でも、「②」の方が、「どんなものか」を体験しているがゆえに、得られるものが大きいと感じませんか？

つまり、**「失敗すること」には、その後の成長を促すという価値がある**のです。そのためには、「チャレンジしたい」と思わせることが大切であり、そう思わせるには「**失敗を恐怖だと認識させない**」必要があります。

しかし現状はどうでしょう？「若者の組織への意識に関する調査（株式会社レッドフォックス〈2020年4月2日発表〉）」によると、「やる気が低下した上司の特徴や行動は？」という質問に対して最も多い解答は「怖いと感じる」でした。つまり、「失敗＝恐怖」という認識を（無意識であれ）与えてしまっている上司・先輩が多いのもまた実情だといえます。

よく「若手社員のチャレンジ精神が低い」と嘆く管理職の方がいます。

たとえば、物流関連企業A社のB社長の悩みは「当社の若手にはチャレンジ精神が足りない。私は若手からフレッシュで新しいアイデアを求めているし、それが成長につながると考えているのに、全然、そういったアイデアが上がってこない」というものでした。
しかし、A社の若手社員たちにインタビューすると次のような声がありました。

「社長の存在はただの恐怖です。会うだけで緊張が走ります。目標に到達しないと徹底的につるし上げる人なんです。アイデアをバンバン出せとか言っていますけど、なんとかごまかして逃げています。だって物事って、全てが順調にいくなんてことは現実的にありえませんよね。アイデアを出して、万が一、それが通り、担当することになったら、うまくいっていない点を詰められて、怒られまくるだけの日々になるのが目に見えています。だから絶対にやりたくないです」

これが複数メンバーの共通した本音でした。つまり、**「失敗を許さない」というトップのスタンスが、若手のチャレンジ精神をそいでいた**のです。

このカルチャーの下では、人の学びは促進されません。**まずは安心・安全でチャレンジしたくなる環境をつくることが大切です。**

人の育成が上手い企業は、上司・先輩個々人のスキルだけでなく、組織全体として、こういったカルチャーを醸成しています。

たとえば、サイバーエージェント社がビジョンとして掲げている「Mission Statement」の中で「挑戦した敗者にはセカンドチャンスを」という言葉を明文化していることは有名です。

「失敗」は「叱責の対象」はなく「チャレンジから得た勲章」という捉え方をしてみてはいかがでしょうか。

「一度教えたことなのに覚えていない問題」の対処法
〔エビングハウスの忘却曲線〕

よく「教えたことを、一度で覚えてくれない」「メモも取らせながら、きちんと丁寧に教えたのに、次の日になると忘れている」といった上司・先輩の声を耳にすることがあります。忙しい中、時間を割いてサポートしているわけですから、「一度教えたことは、きちんと理解してできるようになっていてほしい」という気持ちは、よく理解できます。

この前提には「人は、一度教わったことは、次から完璧にできて当然だ」という無意識の思い込みが含まれているのではないでしょうか。

しかし、この前提は間違っています。そもそも、「人は、学んだことを、どんどん忘れていく動物」です。**エビングハウスの忘却曲線**という心理学の調査があります。

この調査で人は時間の経過が経つにつれ物事を忘れていくことが分かっています。

図 37

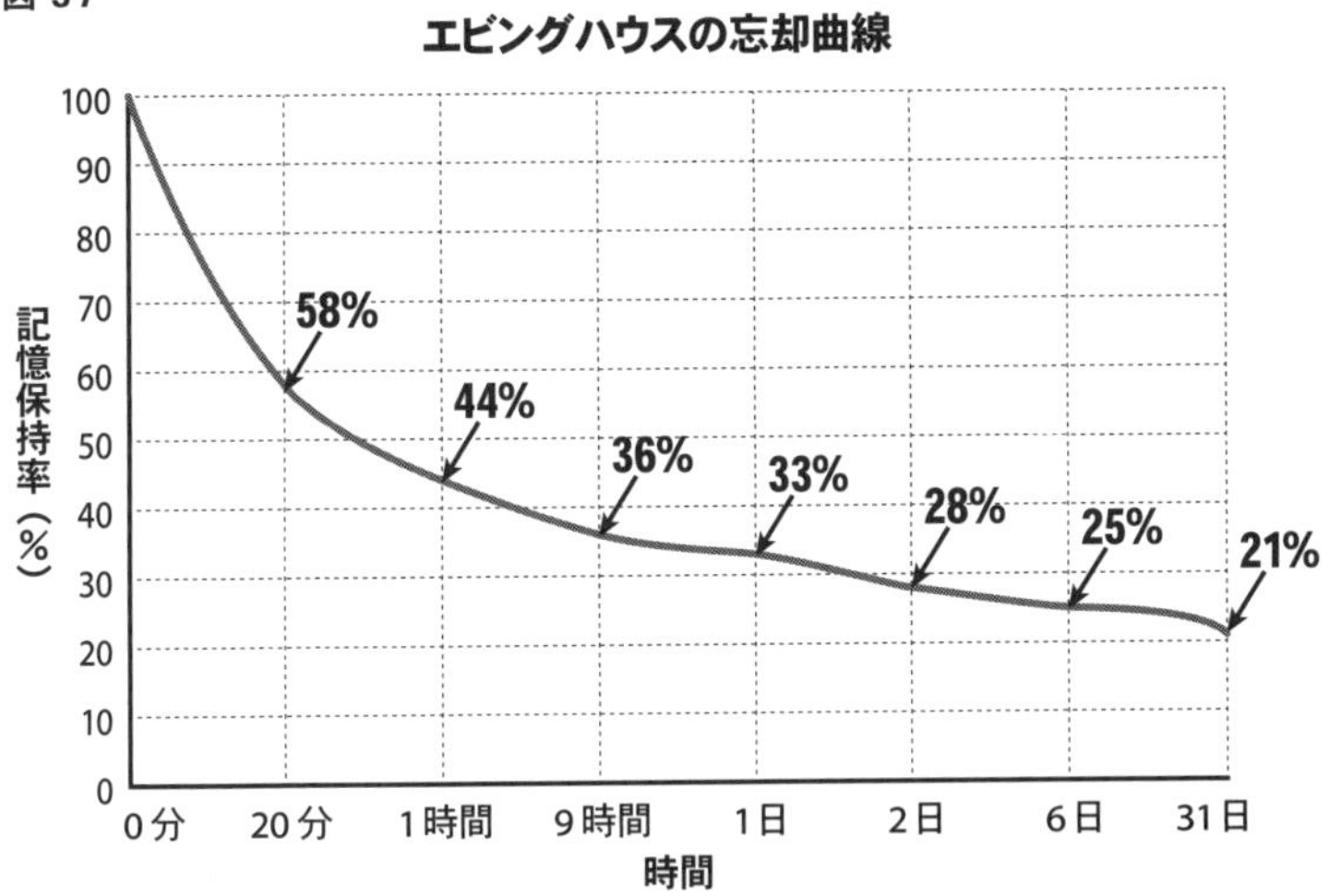

▼20分後には42％忘れる
▼1時間後には56％忘れる
▼9時間後には64％忘れる
▼1日後には67％忘れる
▼2日後には72％忘れる
▼6日後には75％忘れる
▼31日後には79％忘れる

つまり、**そもそも「人は、一度教わったことは、次から完璧にできる」ということはありえない**のです。

しかし、研究の結果、「復習をすると忘れにくくなる」ということも分かっています。つまり、人を育成するには、**「教わったことを一度で身につけることなどそもそも無理である。**

復習させる仕組みをどうつくるか?」という視座に立つ方が効果的です。

うまく育成している方は、これを仕組み化している場合も多いです。

たとえば、新人Aさんの教育係であるBさんは、通称「ポジションチェンジワーク」という復習の仕組みを構築していました。Bさんは、その日の夕礼で、新人Aさんと自分（Bさん）の役割を変えるシミュレーションワークを取り入れていました。

たとえば、Bさんが、新人Aさんに対して「◎◎という業務のやり方」を教えた日があったとしましょう。その日の夕礼では、Aさんを教育係の立場に立たせ、自分（Bさん）に対して、今日教わった「◎◎という業務のやり方」を教えさせるのです。この仕組みがあれば、復習ができますね。

そして、その週の最後（金曜日）の夕礼は長めに時間を取り、その週に学んだ新しいことを、2～3個、ランダムにピックアップして、同じようなポジションチェンジワークをしていました。そうすれば、さらに復習する機会が増えます。

あくまで、このやり方は一例ですが、「復習」をさせることも、教えたことを定着させるには必要だということは認識しておきましょう。

ヤル気がいまいち見られない部下・後輩に対する5つの視点
〔職務特性モデル〕

人は誰しも「仕事に対して意欲がわかない」という状態になってしまうことがあります。もし、部下・後輩が「振り返り」の中で、こういう状態になっていると感じたら、あなたは、どういう対応をするでしょうか？

よく見られるパターンが、「前向きに捉えていこう！」「目の前のことを精一杯やろう！」「人生にムダなことなんてない！」といったポジティブで抽象的な精神論に傾倒しすぎたアドバイスをすることです。

もちろん「最後に」こういった言葉をかけることは効果的でしょう。しかし、部下・後輩が意欲がわかない状態になっているのには、何かネガティブな要因があるはずです。**その要因に触れられることなく、対処もしてもらえない状態で、精神論のようなメッセージを伝えられたところで、「仕事に前向きに取り組もう」とはならないのではないでしょうか。**

だからこそ、部下・後輩が「仕事に対して意欲がわかない」状態に見えるのであれば、どんな要因で働く意欲が低くなっているのかを探る必要があります。その際の指針として役立つものが**職務特性モデル**です。

この理論では、その業務に対して、次の5つを認識していると働く意欲が下がると定義しています。

①単純作業ばかり、もしくは同じことの繰り返しばかりさせられ、この仕事をしていても成長を感じないし、今後成長できる予感もしない
②ただ「これをやれ」と割り振られたことを、「作業」としてやらされ、何の意味があるのか分からない
③自分の業務が誰に、どう役に立っているのかイメージできない
④常に管理・監視されていてしんどい
⑤頑張ったところで、何のリアクションも得られない

部下・後輩が「業務に対する意欲がわかない」という状態にあったとしたら、このいずれか（もしくは複数）の認識を本人が持っている可能性があります。これらの要因を

「振り返り」の中で、相手から引き出し、その解決を手助けしてあげることも役割です。

解決策の指針となるのは、次の5つです。

①様々なスキルが身につき、成長実感・成長予感を得てもらうこと（**技能多様性**）
【解決例】お菓子メーカーの商品企画部長のAさんは、定期的に部署内で部下の配置転換を行っています。本人に成長意欲を感じる場合、たとえば、ケーキ担当から、アイスクリーム担当へと担当を変え、元々の担当に紐づけられるような形でスキルの幅を広げられ、成長実感・成長予感を与えるような人事施策をとっています。

②業務の全体を理解したうえで、自分の携わる業務には、どんな意味があるのか?を理解してもらうこと（**タスク完結性**）
【解決例】飲料メーカーの営業課長のCさんは、他部署との打ち合わせに新人を同行させるようにしています。特に、工場に行く際は、打合せ終了後に工場見学の時間を設け

ています。普段、自分たちが営業している商品は、どのような部署の人たちが関わり、どのように製造しているのかを実際に見たり感じたりすることで、全体像を把握してもらいやすくする工夫をしています。

③人にどう役に立っているのか?を理解してもらうこと（**タスク重要性**）

【解決例】食材輸入企業の営業課長Dさんは、「視察」と銘打ち、自社商品が使われている飲食店に、業務の一環として、アシスタント職の人たちと会社の費用負担で食事に行きます。アシスタント職の業務は、営業担当者の納品書づくりや請求書づくりなどを支援することです。業務の特性上、「ただ言われた通りにPCで作業しているだけ」と感じがちです。そこで、「自分が携わった商品が、こう使われて、こうお客様を喜ばせているのだ」ということを実感してもらえる工夫をしています。

④自分のやり方で進められ、自由度が高いと感じていること（**自律性**）

【解決例】学校法人の総務課長Eさんは「部下に全権を渡す業務をつくる」という工夫

をしています。仕事では当然、報連相は大切なわけですが、全てをガチガチに管理すると相手も息が詰まります。そこで、たとえば「◎◎社内会議のお弁当の手配」など、それほど重くない業務に対しては、予算と人数のみを伝え、自分で全て決めてOKという業務をあえてつくっています。文句は絶対に言わない・言わせないような配慮もしています。

⑤自分が頑張ったことの結果が目に見えて分かること（**フィードバック**）

【解決例】ある部品メーカーでは、「お客様の感謝の声」を社内ポータルに書き込めるシステムを導入しています。特に「モノづくりの現場」の社員のところに来るものはクレームが多く、ポジティブなメッセージは届きにくいそうです。そこで、主にお客様の声を直接聞くことの多い営業担当者が、お客様が仰っていたお褒めの言葉や感謝の声を、システム上にアップする仕組みを取り入れ、「自分たちの仕事は、きちんと役に立っているのだ」という認識をつくりやすくしています。

解決例は、もちろん、あくまでも一例にすぎませんし、職務的にできる・できない、カルチャー的に合う・合わないはあるでしょう。**ただ、精神論ではなく、相手のネガティブ要因を解決する施策を打つことが必要とされる点は理解しておく必要があります。**

時短や効率化が求められる社会では、一見、ムダな時間に思うかもしれません。

しかし、人には感情があります。そのケアも必要です。こういったムダに思えるような時間を取ることも、ときには必要なことです。

第8章
「感情的なシコリを残すだけ」にならない意味のある叱り方

若者の4人中3人は「正当な理由があれば叱ってほしい」と考えている

管理職研修の場でアンケートを取ると、「叱る」という行為に対して、苦手意識を持っておられる方が非常に多く見られます。「そもそも苦手」という方もいれば、「パワハラになるのではないか？」との懸念から苦手意識を持たれている方もいます。私も、その気持ちは非常に理解できます。ただ、次のデータからも分かるように、若手の概ね4人中3人は、「正当な理由があれば叱ってほしい」という気持ちを持っています。これは、私の現場感としても同感です。（図38）

「叱る」という行為は、人の成長を促すうえでは、時として必要な行為です。ただし、**「負の感情」が伴いやすく、デリケートなものであるからこそ「適切さ」は求められます。**そこで、この章では、パワハラになることなく、相手が不快な気持ちになるだけで終わらない適切な叱り方の方程式と留意点をお伝えしていきます。

図 38

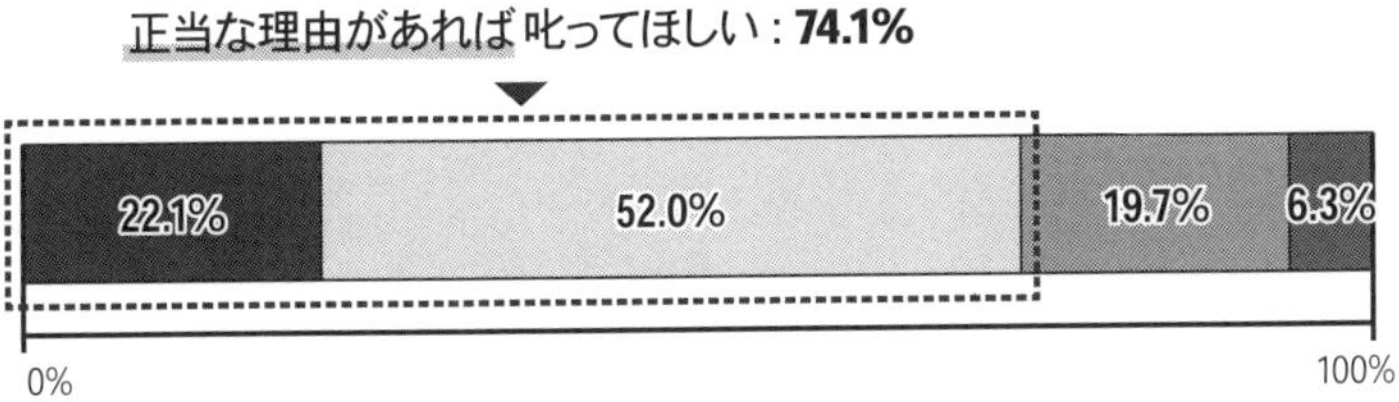

参照：若手社員の意識／実態調査（レジェンダコーポレーション株式会社（2015/6/17 発表）

そもそも「叱る」とは何を目的に行う行為なのでしょうか？

繰り返しになりますが、より成果を出せる人材に育つ手助けとは、「良くない行動を減らす」「良い行動を増やす」の2つをサポートすることです。つまり、叱るという行為は、**相手に、「どこが良くない行動か」を認識させ、「良い行動に変えてもらうため」**に行うものです。

そこで、本書では、次のように「叱る」ことの目的を定義します。

> 叱ることの目的
> ↓相手の間違った行動を、正しい方向へと変える手助け

よくある勘違いが「反省させること」です。ただ、「反省」で終わらせても、行動は変わらず、建設的とはいえません。

解決思考といいますが「次から、具体的にどういう風に行

動を変えたらいいか」というところに着地させる必要があるのです。この目的を達成するには、次の3つの全てを満たすことが必要です。

▼相手の感情に配慮する
▼どの行動が良くない行動なのかをきちんと認識させる
▼何を具体的にどう改善すれば生産的なのかをイメージさせる

この3つのポイントを掘り下げて考えていきましょう。

「相手の感情に配慮する」ための4つのポイント

まずは「相手の感情に配慮する」です。特に自己効力感が低い若手は「非常に打たれ弱い」傾向があります。だからこそ、感情への配慮が非常に重要です。叱り上手な方のアプローチを分析すると「①言いぐさ」「②時間」「③場所」「④叱り終わった後」の4

つに配慮していることが分かります。ひとつひとつ見ていきましょう。

「言いぐさ」に注意する

〖ドッカーンタイプ・ネチネチタイプ〗

叱り上手な方は、相手が不快になるような「①言いぐさ」をせず、きちんと自分の感情をコントロールしながら、冷静に、伝えるべきことを伝わるように伝えています。**人は、「叱る＝強い口調で行うべきもの」というアンコンシャスバイアス（無意識の思い込み）を持ちがちですが、そんなことはありません。原則は、普通の口調で、きちんと誠実に行うべきものです。**

しかし、中には、相手が不快になるような「言いぐさ」をする方がいるのも事実です。若手に「意味のない怒り方をする上司のスタイルはどのようなものか？」というアンケートを取ると、概ね、次の2つが挙がります。

▼**ドッカーンタイプ**

↓上司・先輩側が伝えたいことを一方的に強い語気で発信

例）「そこじゃないだろ！（怒）」「少しは考えろよ（怒）」

▼**ネチネチタイプ**

↓上司・先輩側が伝えたいことを暗に相手がイヤな気持ちになるような言葉で発信

例）「まあ、優秀な大学を出ているキミが知らないなんてことないと思うけどね」

このスタイルは効果的とはいえません。

このようなコミュニケーションを取る人に対して、人の心理は「逃避行動（＝その人を見たら逃げる）」もしくは「回避行動（＝その人との接触を避ける）」のいずれかを選択します。これでは、信頼関係などは生まれず、いくら理路整然と筋通立てて伝えようとも、機能しません。

ドッカーンスタイルとネチネチスタイルをとってしまう上司・先輩は、「自らの感情をコントロールできていない」ことが多いものです。「自分の思い通りにならないイライラを相手にぶつけてしまう無意識のクセ」があるがゆえに人を攻撃するようなコミュニケーションを取ってしまうのです。しかし、「クセ」は気づけば変えられます。

もし仮に、ご自身が、こういった「クセ」があるように感じられる場合は、感情をマネジメントする「**アンガーマネジメント**」、そして、発信する側と受信する側の両方が気持ち良くやりとりをするためのコミュニケーション技法である「**アサーション**」を検索し、実践にしてみることをお勧めします。

※『アンガーマネジメント』（戸田久美著、日経文庫刊）という本がおすすめです。

長時間の「説教」をしても効果は見込めない〈15分ルール〉

次に「②時間」の配慮です。**叱るときは、「長時間」ではなく、「2～3分程度」の短い時間でサッと叱るというのが原則**です。

私は大学で授業を持っていますが、卒業生たちと飲む機会がよくあります。その際に、頻繁に開催されるのが「このあいだ、課長に1時間くらい説教されたよ」「いやいや甘いな。オレなんて2時間、ガチで詰められたからね！」といった「説教自慢大会」です。

このやりとりを見ていて、いつも感じることは、「時間にばかり焦点が当たっていて『内容』はまったく頭に入っていないな」という点です。

とはいえ、これは当然の結果です。心理学者カレン・ウィルソン氏とジェイムズ・H・コーン氏の調査で、人間は最大で15分程度しか集中力は持続しないことが分かっています。つまり、**15分以上、叱るという行為を続けても「ただただ不快な時間が長く続いた」という印象だけしか残らない可能性が高い**のです。

それどころか、場合によってはパワハラに該当するかもしれません。私は、ハラスメントを予防する一般社団法人日本ハラスメントリスク管理協会（https://harassment-rma.jp/）の参事を務めており、パワハラ領域も専門なのですが、厚生労働省の定義するパワハラの要件に、以下のような判断基準があります。

▼行為をする側がどういう意図だったかではなく、相手が負担と感じたか否か
▼客観的に見て業務上必要かつ適正な指示・指導を超えたものか否か

長時間の説教は「相手が負担と感じる」かつ「業務上必要かつ適正な指示・指導を超えたもの」に当てはまることが考えられます。どれほど熱い思いを持って叱ったとしても客観的な視点で見た際に（もちろん一概には言えませんが）「パワハラ認定」される可能性もゼロではないのです。

つまり**「効果」の意味でも、「パワハラ予防」**の観点でも、「2～3分という短時間でサッと」が原則となります。

皆の前で「つるし上げる」ことが悪影響でしかない理由〔進化心理学〕

「③場所」の配慮です。**叱る際は、「他者の目がない&他者に声が届かない場所」にて一対一で行うことが原則**です。（関係性が悪い場合など例外もあります）

ある企業で部下の離職率の高さが問題になっているA課長がいました。部下たちが裏で呼んでいたA課長のあだ名は「公開処刑人」。「朝礼などで、特定のひとりを皆の前で怒鳴る」「会議の場などで、ひとりを延々と叱責する」「他のメンバーが仕事をしている部屋の中でも構わず部下を大声で怒鳴る」といった「つるし上げ」を行う方でした。A課長は「叱責することでメンバーたちの奮起を促す」という愛情表現のつもりでこのスタイルをとっていました。

しかし、部下たちには、「仕事=恐怖との闘い」といった認識になっていました。

A課長が、どういう思いで、このスタイルを実践しようとも育成の目的から考えると、このアプローチはズレています。進化心理学という領域での研究によると、人は「群れ」

を成して生き、種をつないできた歴史を持っています。群れの一員として生きるには「他人の目」を意識せざるをえません。

つまり、私たちのＤＮＡには「人の目を気にする」という思考パターンが刷り込まれています。だからこそ「１対１」で「個室」で叱る配慮が必要なのです。

ここで注意点が２つあります。

１つ目は、「テレワーク」の場合です。

ＰＣの画面上は「１対１」だとしても、上司がオフィスの自席にいて、周囲に誰かがいるような場合、他のメンバーに話が筒抜けです。これは画面越しにも分かるでしょう。

だからこそ、

▼上司・先輩側がオフィスにいる場合↓**自分が会議室等の個室に移動する**
▼若手側がオフィスにいる場合↓**会議室等の個室へ移動するように相手を促す**
▼若手側が自宅だが、周囲に家族等がいる場合↓**周囲に誰もいない環境をつくることを促す**

といった形で「お互い周囲に誰もいない状態をつくる配慮」が必要になります。

2つ目は、「部屋の壁」への配慮です。

「壁と天井の間に隙間がある会議室」や「オフィスの一角にパーテーションが置かれただけの会議スペース」しかないような場合、そこに移動して叱っても声は筒抜けです。しかし、「物理的に無理だから仕方がない」と強行したところで、相手にはストレスしか与えません。これでは機能しません。

こういったつくりのオフィスの場合は外のカフェを活用する等の工夫をすることも必要です。

叱り上手な人は叱り終えた後のフォローを忘れない

「④叱り終わった後」の配慮です。

「身体への暴力」よりも「言葉の暴力」の方が脳のダメージが大きいといった子どもに対する研究結果があります。つまり「叱る」という行為は、どれほど細心の注意を払ったとしても、相手に感情的なダメージを与えやすいものであることは事実です。だからこそ、叱った後は、空気を日常に戻し、状況によってはフォローする必要があります。

叱るという行為をする際は、叱る側もついついヒートアップしてしまい、うまく自分の感情をコントロールできないこともあるでしょう。

感情コントロールがうまくできない上司・先輩ほど、次のようなことをしてしまいがちです。

▼イライラを引きずり、ピリピリした空気を醸し出す
▼わざと何も言わずに帰る

▼業務のやりとりも、日常とは違うイヤな印象を与えながら行う

これでは、職場全体にイヤな空気が充満しますね。

反対に、叱り上手な上司・先輩は、叱った後のアフターフォローにも気を配っています。たとえば、ある広告会社で部下たちから絶大な信頼を得ているA部長は以下のようなことを実践されていました。

▼叱り終わった後は、ともかく日常通りのテンションを保ち、接するようにする
▼叱った日は帰りがけに自分から笑顔で「お疲れ様」と声をかける
▼叱りすぎたときは素直に「言い過ぎて悪かったね」と謝る
▼ほとぼりがさめた帰り際に、「期待しているから叱った」等、メッセージを伝える

些細なことかもしれませんが、こういった「ちいさなフォロー」が相手と良い信頼関係をつくるうえでとても重要な意味を持つのではないでしょうか。

効果的な叱り方のフォーマット〔ソルスケット法〕

ここまでお伝えしてきたような相手の感情への配慮をしながら、冷静に、伝えるべきことを、きちんと伝わるように伝えることが必要です。例として、新卒で経験の浅い新人営業パーソンに対する、2つの叱り方を比較してみましょう。

例①
お前は、お客様のニーズをいつも全然拾わないな。あんな営業じゃ全然ダメだ。基本の「き」から分かっていないな。全然ダメ。ほんと勉強不足でしかない！　もっと本気で仕事に取り組め！　もっとお客様に寄り添え！　自分で蒔いた種なんだから、自分できちんと処理しろよ！　絶対にA社から売上を立てろよ！

例②
A社さんとの商談で、Bさんのニーズを何のヒアリングもせずに、いきなり販売重点商品Cを押しはじめたね。営業の役割は、「自分が売りたいものを売る」ではなく「お客様の困りごとを解決する」なんだ。こういったスタンスが信頼関係を育《はぐく》み、数字に結びつくのが営業なんだ。だから、まずA社さんの課題をヒアリングして、その解決方法を一緒に考えていく中で、それに合った商品を提案しなければいけないよね。

確かに重点商品Cの売上を伸ばすことも大切だし、一生懸命に売ろうとしていたところは理解できる。けど、もしキミがクライアントBさんの立場だとして、忙しいなか時間をとった営業担当者が自分の話を聞くこともなく、自分たちが売りたい商品のことをいきなり説明しだしたら、どう感じるだろう？（意見を聞き、その後、解決策を緒に考える）

じゃあ、商談の際、A4の紙の真ん中に線を引き、左半分にお客様の課題を書き、それに対する打ち手のアイデアや解決へとつながる商品を右側に書いていくような商談シートを独自に作成してみよう。以後、慣れるまでは、商談は、そのシートを埋める形で進めていこう。

A社のBさんとは、私と古い付き合いだから後で連絡してフォローしておくよ。それよりも、この経験を次に活かそう。少しずつ経験を積んでいこう。

いかがでしょうか？　①よりも②の方が、「相手の間違った行動を、正しい方向へと変える手助け」になっているのではないでしょうか。②のフォーマットが**SRSKT（ソルスケット）法**です。（次頁図39）

指摘（「S」ITEKI）↓理由（「R」IYU）↓質問（「S」ITSUMON）↓改善（「K」AIZEN）↓立て直し（「T」ATENAOSHI）の順番で言葉を組み立てていきます。

（頭文字を取ってSRSKTです）

①と②を比較しながら、ひとつひとつポイントを掘り下げていきましょう。

図 39　**SRSKET(ソルスケット)法**

1 指摘 (SITEKI)：業務に関係している、明確で具体的な行動の指摘
今日の会議に 10 分遅れてきましたね。

▼

2 理由 (RIYU)：その行動が良くない理由を伝える
マナーとして遅刻は良くないことはもちろんですが、今回の会議は、クライアントも参加していますね。この業界は、Aさんの前職の業界よりも、時間にかっちりとしているカルチャーの企業が多いんです。Aさんの 遅刻は、当社のことを「時間にルーズな会社」と思われるリスクもあるんです。

▼

3 質問 (SITSUMON)：本人の意見を聞く
どう思いますか？ → 確かに前職は、時間にはゆるい感じで、私にもそのクセがあるかもしれません。

▼

4 改善策提示 (KAIZEN)：解決行動の視点で、改善策を提示する
※「再発防止のためにできることは？」を質問 → 以下のような案を本人が提案
良いですね。次からは、会議前 30 分前と 10 分前に「○○ (というソフト)のリマインダー」をセットするようにすること。そして、クライアント同席の場合は 5 分前に来るようにルールづけをしましょう。

▼

5 立て直し (TATENAOSHI)：「気持ち」を立て直す
今回のことは先方には、さりげなく僕がフォローしておくから大丈夫。再発防止策を徹底して、次から活かすようにしましょう。

指摘：減らすべき行動はどこかを明確にする〔標的行動〕

　まず**指摘**です。「良くない行動を減らす」「良い行動を増やす」の２つを手助けするために叱るわけですから、はじめに、どこが良くない行動かを明確にする必要があります。応用行動分析学で**標的行動**と言いますが、**冒頭では「どこが間違った行動なのか」を「明確」に指摘し、認識**してもらいます。具体例を見ていきましょう。

×お前は、お客様のニーズをいつも全然拾わないいな

「いつも」とは「いつ」の話でしょう？　明確ではありません。「お客様のニーズを拾わないいな」というのも、具体性がなく、抽象的です。

こういった指摘よりも、たとえば、次のように伝えた方が明確ではありませんか？

○A社さんとの商談で、Bさんのニーズに何のヒアリングもせずに、いきなり販売点商品Cを押しはじめたね。

理由：その行動が「なぜ良くないのか」を明確にする

次に、**理由**です。その標的行動が、良くない理由をきちんと伝えます。122ページで「カチッサー効果」を紹介しましたが、人は、納得感がないことに対して、変わろう・動こうとはしません。

たとえば、本人なりには目標を達成するために一生懸命やっているにも関わらず、頭ごなしに次のようなことを言われたら、どう思うでしょうか？

×あんな営業じゃ全然ダメだ。基本の「き」から分かっていないな。

これでは「自分が情けない」とか「この上司、ムカツク言い方をして腹立つわ」といったネガティブな感情が生まれるだけではないでしょうか。

もちろん「くやしさ」をバネに奮起する人も中にはいるでしょう。しかし、自己効力感が高くない人の多くは、「自己否定」に走ってしまい「どうせ自分なんて無理」という思考パターンが強化されてしまいます。これでは前向きな仕事への取り組み姿勢は生まれません。
反対に、人は納得したことに対しては主体的に動こう・変わろうとします。

たとえば、②のように、

> ○営業の役割は、「自分が売りたいものを売る」ではなく「お客様の困りごとを解決する」なんだ。こういったスタンスが信頼関係を育み、数字に結びつくのが営業なんだ。だから、まずＡ社さんの課題をヒアリングして、その解決方法を一緒に考えていく中で、それに合った商品を提案しなければいけないよね。

といったことを伝えれば、納得感も出るのではないでしょうか。

質問：「問い」を通じて本人の言い分を引き出し耳を傾ける

次に、**質問**です。きちんと本人の言い分も聞きます。しかし、これをせず、一方的にダメ出しをしたらどうでしょう？

> ×全然ダメ。ほんと勉強不足でしかない！

これでは、特に自己効力感が低い相手の場合は委縮してしまい、建設的な変化は起きづらくなります。108ページで自己決定理論を紹介しましたが、人は、自分の意志で決めたことに対して、前向きに取り組もうとします。

だからこそ、まずは相手に自分の言葉で気持ちや言い分を伝えてもらい、その後、解決策を一緒に考えていくやり方を行うのが、主体性を育むためにはベターです。

たとえば、次のようなことを質問します。

○確かに重点商品Cの売上を伸ばすことも大切だし、一生懸命に売ろうとしていたところは理解できる。けど、もしキミが、クライアントBさんの立場だとして、忙しい中時間をとった営業担当者が、自分の話を聞くこともなく、自分たちが売りたい商品のことをいきなり説明し始めたら、どう感じるだろう？

こういった問いからはじめれば、その後のやりとりを通じて、

「自分のニーズをまず聞いてほしいと思いますね……」
「緊張して頭が真っ白になってしまい、ただ、販売重点商品Cを売らなければ……という意識が強すぎて、いきなりそういった話をしてしまいました」

といった現状の課題や気持ちを自分の口から引き出すことができます。

改善：精神論・抽象論ではなく改善行動を明確化するには〔解決思考〕

ある程度、問いの答えが出そろったところで、**改善**です。着地点は「良い行動を増やす」です。そのためには「どういう風にやり方を変えたら良いか」という改善策を「行動ベース」で一緒に考えます。ここで大切なのは、「精神論」や「抽象論」にはしないという点です。

たとえば、次のような指示はどういう印象を持つでしょうか。

×もっと本気で仕事に取り組め！（精神論）
×もっとお客様に寄り添え！（抽象論）

これでは、行動は変わりません。どうすれば良いのかイメージできないからです。

たとえば、スポーツなどでは、オリンピック選手やプロのアスリートは「最後は『気持ち』の問題」といったことをよく言います。確かにその通りでしょう。

しかしこれは、経験値や能力が最高レベルに高く、これまで圧倒的な成果を出し、高い評価も受け、自己効力感が高く、強烈な向上心のある人たちでしょう。**一般の、ましてや経験の浅い成功体験の少ない人を同等に考えるには、無理があります。**

こういったアプローチよりもむしろ、次のような方法がより効果的です。

> ○商談の際、Ａ４の紙の真ん中に線を引き、左半分にお客様の課題を書き、それに対する打ち手のアイデアや解決へとつながる商品を右側に書いていくような商談シートを独自に作成する。以後、慣れるまで、商談は、そのシートを埋める形で進めていく。

建設的な「解決思考」といいますが、「どうすれば良くなるか？」という視座に立ち、「具体的に何をしたらいいのか」というところに着地させることが大切なのです。

立て直し：相手のメンタルに留意した言葉がけを行う

そして最後に、**立て直し**です。メンタル面を「立て直し」するフォローも忘れてはいけません。たとえば、次のようなプレッシャーを与えたり、何のフォローも与えないようでは孤立感を感じてしまいます。

> ×自分で蒔いた種なんだから、自分できちんと処理しろよ！　絶対にA社から売上を立てろよ！

> ○A社のBさんとは、私と古い付き合いだから後で連絡してフォローしておくよ。それよりも、この経験を次に活かそう。少しずつ経験を積んでいこう。

比較してみると後者の言い回しの方が、相手の心が落ち着くのではないでしょうか。

このように、指摘→理由→質問→改善→立て直しの順番で言葉を組み立てていくと効果的です。

あまりに打たれ弱い人に対する効果的な叱り方《代理強化》

ここまで「オーソドックス」な叱り方の例をお伝えしてきました。

ただ、「部下があまりに打たれ弱く、オーソドックスな叱り方でも萎縮してしまい手をやいている」という声もよく聞きます。こういった場合に役立つのが、「他人がうまくいったことを観察させることを通じて、その行動を身につけさせる」応用行動分析学の**代理強化**というアプローチです。


例を挙げましょう。


Aさんは7名ほどのメンバーが所属するヘアサロンの店長兼オーナー。

美容師の世界は、かつては「少ない休日・長時間労働・厳しい指導」が当たり前のカルチャーだったそうです。しかし、このカルチャーは、今の時代に合わず、人材が定着しないと考え、人事制度の変革など様々な手を打っています。目下の悩みは若手の育成で、中でも20代前半の新人Bさんが「あまりに打たれ弱い」と感じていました。

そこで信頼する中堅メンバーのCさん（30代）に打ちあけたところ、以下のような提案があったとのこと。

「Bさんに学んでほしい伝えたいアドバイスを、Bさんの前で私に対して伝えてみるのはどうでしょう。そうすれば、Bさんにもその内容が伝わるのでは」

これが「代理強化」です。**本人に対して伝えるべき内容を、別の人にフィードバックして、間接的に伝える方法**です。Aさんはこの提案を採用しました。

たとえば、「シャンプーをするときは、もっと〜という風にすると良くなる」といったアドバイスを、Bさんの目の前でCさんに伝えます。Cさんは、そのアドバイス通りにBさんの目で実践するのです。

結果、Bさんもそのアドバイス通りにシャンプーするように変わってきたといいます。こういったアプローチをとってみるのもひとつの手です。

「こういったアプローチは『甘やかし』だ」という捉え方をする方もいるかもしれません。しかし、育成において、まず考えるべきことは、「相手にどう成長してもらうか」という点です。現状、打たれ弱いのであれば、その事実を受け止め、相手に合ったアプローチを行う方が良いのではないでしょうか。

成功体験を積み、自己効力感が高くなると、それに従ってメンタル的にもタフになってくるものです。

※「ＨＳＰ（Highly Sensitive Person）」という、相手がとても感受性が強く繊細な気質を生まれ持った人の場合は、変化が起きづらい場合もあります。５人に１人程度の割合でいるといわれています。

今回のように、**まずは一旦、「間接的にフィードバックする」という方法を採り、うまくできた経験を積んでもらう。その後、ある程度メンタルが強化されたところで、本人に直接フィードバックする形に変える。**

こうした「二段構え」でアプローチを変えることもひとつの方法です。

おわりに

人には無限の可能性がある。

こういった類の言葉を自己啓発書や有名スポーツ選手、著名な経営者のインタビューなどで耳にすることがよくあるのではないでしょうか。これは、本当にその通りだと、私も信じています。**ただし、可能性を開花させるためには、「人間は環境に影響を受ける」という点を、忘れてはいけない**とも思っています。

ここでいう「環境」とは担当する指導者も含みます。相手の可能性を潰してしまうか、形にできるかは、本人の姿勢に加え、指導者の影響も非常に大きいように思うのです。そう思うようになったのは、私が19歳の浪人生のときの出来事がきっかけです。

私の高校時代の学業成績は443人中443位。つまり、ビリでした。とはいえ私の在籍していた高校はそのエリアの中学校でトップ5くらいの成績を取らなければ入学できない進学校です。勉強が苦手だったわけではありません。ビリだった理由は、教師たちの教え方に違和感しか覚えず、まったく勉強する気にならなかったというのが理由なのです。教科書を最初から最後まで淡々と読むだけのただただ眠いだけの授業。それにもかかわらず、「四の五の言わずに先生の言うことをきちんとやれば成績はきちんと伸びるのだ！」という何の合理的根拠もない指導方針。これに納得ができず、まったくやる気が起きませんでした。テストの度に、職員室に呼び出されて叱られました。しかしその内容も、ただただ「自分たちの言う通りに真面目にやれ！」といった精神論で、まったく聞く耳を持てませんでした。（ちなみに勉強以外は、部活、体育祭、友達付き合いなど楽しい高校生活を過ごせた良い学校でした）そんな状態でも、ギリギリ卒業できるくらいの成績は取れ、大学受験はできました。とはいえ当然、結果は全敗。予備校（代々木ゼミナール）で浪人生活を送ることになりました。

そこで出会った英語のカリスマ講師西谷昇二先生。もう、その教え方のうまさたるや……。これまでの教師とのあまりの違いに衝撃を受けました。「目的は何か？　なぜその答えになるのか？　何を、どうすればいいのか？　どう進めていくのが、どういう理由で効果的なのか？」こういったことがものすごく明確で腹落ちすることばかり。雑談も、励まされ、気持ちを前向きにしてくれるものばかりでした。

西谷先生の授業に感化された私は、本気で勉強に向き合うようになり、高校時代にはビリだった成績を「偏差値87」にまで伸ばすことができました。

結果として、高校時代には考えられないような大学に合格。合格通知（当時は電報でした）を受け取った私は「人間の能力って、関わる指導者によって、こんなにも変わるものなのか……」という衝撃を受けたのを覚えています。

この時の経験が教え方や育て方というものに興味を持つようになった起点であり、「人間が発揮する能力は（指導者も含めた）環境に影響を受ける」ということを強く感じるようになったキッカケです。

私は2004年に採用と育成の事業で起業し、多くの大学や企業で若者の育成をお手伝いする仕事をさせていただくようになりました。起業したばかりの頃に感じたのは、「これは勉強だけでなく、仕事も同じだな」ということです。本文に記載した通り、自己肯力感の高い若手であれば、どんな職場であれ、上司であれ関係なく様々なことを吸収していきます。しかし、そういった人たちは全体の総数からみると非常にレアです。やはり、離職率やメンタル不調率は、経営者・上司・先輩の育成の仕方に大きく影響を受ける現実をたくさん見てきました。とはいえ、ついた若手がうまく育たない指導者側を一方的に責めることはできないとも思いました。なぜなら、そもそも「教える」とか「育てる」ということを体系的に学ぶ機会は（一部の研修制度等が充実した企業を除き）

ほとんど存在しないからです。結果、「どう育てればいいか分からないから自分のKKD（経験・勘・度胸）に頼るしかない」という状況にある方が非常に多い実情も知りました。そんなお悩みを持つ方の役に立ちたいという思いが、この本を上梓させていただいた理由です。

この本には、「この一言を発すれば一瞬で相手が変わります！」といった「スーパーテクニック」は書いてありません。そもそも、人の育成において、そのようなものは存在しないと私は考えています。**「当たり前のことを、当たり前に継続すること」。育成は、これしかないように思っています。**

だからこの本は、「言われてみれば確かにそうだな」といったことを改めて言語化し、「なぜそれが効果的なのか？」「具体的にどうすれば実践できるのか？」の解像度を上げていただけるような構成にしました。

ご自身を振り返っていただき、「できていること」は確認として、「変えた方が良いな」と思う点がもしあれば、より素晴らしい育成をするためのキッカケとして、何かひとつでもお役に立てたのであれば、著者として嬉しく思います。

阿部　淳一郎

阿部淳一郎（あべ・じゅんいちろう）

若手の採用・育成・定着に強い人材開発コンサルタント。株式会社ラーニングエンタテイメント代表取締役／保健学修士。大手社会人教育企業などに勤務後、2004年起業。以後、一貫して「意識が高いわけではない若手をメンタル不調にさせず、無駄な早期離職を減らし、どう活躍してもらうか」をコンセプトに、心理学を土台にした手法を活用し、大手企業～中小企業・行政・中小企業支援団体等にて、採用・育成・定着・就職支援等に携わる。登壇実績2000本以上。30社以上の企業にてコンサルティング実績。起業時から多くの大学にて学生の就職支援にも携わり「若者が会社では絶対に言わない仕事に対する本音」にも精通。一般社団法人日本ハラスメントリスク管理協会の参事も務め、パワハラ予防にも詳しい。『これからの教え方の教科書』（明日香出版社）など著書5冊。マイナビニュースや月刊人事マネジメントでの連載、日本経済新聞、読売新聞などメディア登場も多数。東洋学園大学兼任講師(キャリア形成論担当)。早稲田大学教育学部卒。筑波大学大学院(行動科学／ストレスマネジメント領域)修了。

◎株式会社ラーニングエンタテイメント：http://learning-et.jp/

◎一般社団法人日本ハラスメントリスク管理協会：https://harassment-rma.jp/

◎ E-Mail：abecopy@gmail.com

ロジカルティーチング　ガツガツしていない若手社員《わかてしゃいん》を伸《の》ばす技術《ぎじゅつ》

2021年12月16日　初版発行

著　者　阿部淳一郎

発行者　和田智明

発行所　株式会社 ぱる出版

〒160-0011　東京都新宿区若葉1-9-16

03(3353)2835－代表　03(3353)2826－FAX

03(3353)3679－編集

振替　東京　00100-3-131586

印刷・製本　中央精版印刷(株)

ISBN978-4-8272-1315-7　C0034